O CÉU NÃO ME INTERESSA

Letra Espírita

1ª edição - Junho/2022
2ª impressão - Janeiro/2024

CAPA | André Stenico
DIAGRAMAÇÃO | André Stenico
REVISÃO | Cássia Anselmo
ANÁLISE DOUTRINÁRIA | Rodrigo Oliveira

Contato e pedidos:
vendas@letraespirita.com.br
(22) 2738-0184

Ficha catalográfica

Jayme (Espírito)
O céu não me interessa / pelo espírito Jayme; [psicografado por] Umberto Fabbri - 1ª edição jun. 2022 - Campos dos Goytacazes-RJ: Editora Letra Espírita.
216 pág.

ISBN 978-65-88535-29-5

1. Espiritismo. 2. Reencarnação. 3. Provações reencarnatórias.
I. TÍTULO

CDD 133.9

O CÉU NÃO ME INTERESSA

UMBERTO FABBRI

PELO ESPÍRITO
JAYME

CAMPOS DOS GOYTACAZES-RJ

SUMÁRIO

PREFÁCIO

Quanto tempo perdido pela completa ausência do perdão em nossas vidas? Quantos momentos de amor olvidados, dores e sofrimentos exponenciados sem que encontremos solução, parecendo, enfim, que estaremos pela eternidade dentro desses horríveis patamares? Que inferno autoimposto pode representar nossos simples pontos de vista?

Nas páginas seguintes, procuro narrar muito sinteticamente as minhas experiências dentro desse panorama no afã de, valendo-me de conceitos e de linguagem contemporâneos que facilitam a compreensão dos acontecimentos, demonstrar de que forma o não exercício do perdão me colocou na esteira da evolução em aproximadamente sete séculos. Durante esse longo tempo, me debati à procura de uma desforra por acreditar piamente que, diante das Leis magnânimas do Criador, que trazem no seu bojo as questões da "causa e efeito", eu não passava de um injustiçado.

Hoje, depois da minha última e curta experiência planetária, procuro entregar em suas mãos, amigo leitor, um pouco da minha trajetória, buscando, com isso, lhe mostrar um pequeno e despretensioso exemplo do "não fazer ao próximo o que você não deseja para si mesmo".

Interessante que ensinamentos desta natureza, lastreados na missão educadora do Cristo, eram com regularidade repassados no reduto do meu lar, naquele período da história que data a minha narrativa. Eram lições ministradas através de exemplos dos meus pais e, mais tarde, através do relacionamento cultivado com o pároco da nossa comunidade.

Nesse particular, hoje me pergunto: passados quase sete séculos daquela experiência, do que teria valido minha participação nas atividades fossem elas numa igreja ou em outros templos, sinagogas, qualquer instituição religiosa ou doutrinária, enfim? Estive apenas entrando em locais desse tipo, mas não permitindo que as lições envolvendo o perdão e o amor ao semelhante entrassem no íntimo do meu ser fazendo nele morada permanente?

Essa reflexão deixa de ser somente minha para se tornar também do meu ilustre leitor. Reforço, pois, a esperança de, com este meu despretensioso trabalho, colaborar de alguma forma para a simplificação da sua caminhada, focando no exercício regular do amor-perdão.

Jayme

CAPÍTULO 1

VIDA SIMPLES

Naqueles tempos sombrios, vivíamos praticamente nos escondendo uns dos outros por conta do assim chamado Tribunal do Santo Ofício da Inquisição. Este, contudo, particularmente para nós, cristãos novos, não apresentava qualquer traço de santidade.

Próximos do final do século XV, portanto, sob o regime da rainha conhecida como "a Católica", a situação era sempre muito delicada. Em vista dela, nossa postura precisava ser bastante cuidadosa, em virtude de residirmos em nossa propriedade na Espanha.

Vivíamos razoavelmente afastados da cidade. Ali, minha família e mais alguns empregados trabalhavam com a criação de ovelhas e plantação de legumes, utilizados também como parte da nossa alimentação. O principal da produção era completamente destinado ao comércio, fosse ele de lãs ou de leite, de queijos ou mesmo dos animais em si. A propriedade não era extensa; fora herdada dos meus avós, que sempre investiram na produtividade calculada, aproveitando ao máximo os espaços e os recursos do local, com o que, certamente, alcançaram lucros bastante razoáveis.

Eu, Jayme, o caçula, fui o único de três filhos que se interessou por dar continuidade aos negócios da família; os outros dois decidiram fazer carreira nos grandes centros da Europa. Naquele período da história, propício para eles, buscaram Paris para darem seguimento aos seus intentos na área da literatura. Em casa, o nosso regime de vida sempre se mostrou em descompasso com os seus desejos. Na verdade, a vida no campo nunca exerceu fascínio algum sobre eles.

Então, gradativamente foram se afastando da família, para desgosto dos meus pais, que disfarçavam suas tristezas pelo episódio em si, não reclamando disso, de forma alguma, na minha presença. Mas enquanto o meu pai procurava administrar melhor essa situação desagradável, envolvendo-se cada vez mais com o trabalho, coisa que, aliás, eu partilhava com ele e com alegria, minha mãe procurava disfarçar, contudo, o amor de uma mãe não consegue esconder o que se passa no seu íntimo.

Na mocidade, casei-me com Luna, filha de outro pequeno proprietário da região. Casei e continuei residindo numa casinha simples nas terras que nos pertenciam.

Logo as crianças vieram, no total de quatro, todas elas meninas, sendo que as duas últimas eram gêmeas. O nascimento de cada uma serviu para suprir de alegria tanto os meus pais quanto o nosso lar. Mas, lamentavelmente, não demorou para os nossos queridos velhos, tanto da minha parte como do lado da minha esposa, partirem para a pátria celestial. Em matéria de crença, em função da bondade de todos eles, considerávamos que, com certeza, eles estariam vivendo no Céu.

Do meu lado, papai foi primeiro, seguido, um ano depois, pela minha mãe. Com efeito, a velhice prematura, dada a vida de trabalho duro, foi gradativamente apagando o brilho de cada um, tal como uma vela que queimava paulatinamente até o seu final. Coincidência ou não, praticamente da mesma forma ocorreu o falecimento dos pais da Luna. Restaram-nos a saudade e os exemplos dignificantes que nos foram transmitidos, baseados no profundo respeito pelo semelhante, pelo trabalho e, acima de qualquer coisa, por Deus e pela família.

Naqueles tempos limitados, fui alfabetizado pela minha mãe. Apesar, então, da minha limitação nas letras, consegui enviar uma carta para um dos meus irmãos comunicando o lamentável falecimento do nosso pai. Contudo, jamais recebemos qualquer resposta, talvez porque a carta não alcançou o objetivo ou mesmo pela mudança de endereço do meu irmão.

Quando da partida da minha mãe, arrisquei o procedimento novamente, enviando uma nova mensagem, o que, na época, costumava demorar meses para ser recebida, isso se conseguisse chegar ao local. No entanto, sem qualquer notícia dos meus dois irmãos, demos continuidade às nossas tarefas, que já eram muitas, tendo as meninas já crescidas. Cada uma delas tinha, junto aos nossos empregados, as suas respectivas funções, além de auxiliarem a minha esposa nos trabalhos da casa.

Creio que já haviam se passado mais de seis meses da morte da minha mãe, quando o meu irmão mais velho apareceu em casa, como se caísse do céu. Chegou numa carruagem que fora alugada e, dada a elegância, a um custo elevado. Vinha acompanhado de uma jovem cujos trajes e maneiras destoavam tremendamente da nossa simplicidade, demonstrando ares de uma superioridade estranha para a nossa gente, acostumada à vida rural.

Chamava-se Jeanne, cidadã francesa, porém, com o domínio fluente do espanhol. Foi-nos apresentada como noiva e futura esposa do meu irmão, apesar de certo embaraço nesse particular, porque, para nós, a noiva viajar sozinha com o noivo era algo inusitado.

Oferecemos a nossa residência para a hospedagem, o que, porém, dada a simplicidade do ambiente, foi devida e elegantemente rejeitada. De pronto meu irmão informou-nos que o tio de sua noiva, que os acompanhavam, encontrava-se na cidade. Havia decidido ficar por lá para o descanso da viagem longa, instalando-se numa pousada onde estariam, depois, todos hospedados.

Tudo me parecera, a princípio, muito estranho. Anos de isolamento sem qualquer notícia da parte dos meus dois irmãos, principalmente este, o mais velho... Para engrossar minhas desconfianças, o seu surgimento repentino, a história da noiva e do tio acompanhante; enfim, aquilo me dava a impressão de que peças não se encaixavam no jogo.

Oferecemos-lhes uma refeição que era do nosso costume, o que até a mim pareceu ser muito simples para o gosto refinado que a jovem demonstrava ter, o que também foi recusado. Na verdade, estranhamente, com a mesma rapidez que surgiram, se foram, com a promessa de voltarem no dia seguinte. Viriam para uma reunião conosco, na companhia do tio de Jeanne, o qual o meu irmão gostaria muito que nos conhecessem.

As despedidas foram um tanto frias, mas eu as atribuí ao longo tempo de afastamento entre nós bem como à nossa timidez, minha, da Luna e das nossas meninas, diante de tanto luxo. Conversando reservadamente com Luna a respeito, ela me disse acreditar que os costumes franceses, principalmente os parisienses, eram muito diferentes e sofisticados, e que nós, pessoas do campo, mal nos encaixávamos na cidade, a qual ficava distante de nossa vila. Ali, apenas negociávamos a nossa produção e íamos à missa na capelinha modesta construída pelos próprios moradores. Ademais, o contato com os meus irmãos tinha se perdido há muito tempo. Nesse ínterim, a evolução dos grandes centros com certeza providenciou mudanças significativas das quais eles davam mostras.

Luna realmente sabia como usar as palavras, colocando um tempero especial de bom senso naquilo que dizia, sem ferir; antes harmonizava os acontecimentos. Por minha vez, disse à Luna que as visitas deviam ter ficado horrorizadas com o nosso estilo de vida. Duvidava muito que retornassem para um ambiente tão primitivo diante da sofisticação do casal, que dizer do tio da moça.

CAPÍTULO 2

A RAPOSA SAI DA TOCA

Ruan, como se chamava meu irmão mais velho, de fato retornou à minha ou, por que não dizer, à nossa propriedade. Para mim, entendia que por direito ela também lhe pertencia em parte, tal como também ocorria com o nosso irmão do meio, Saulo, nome, aliás, escolhido, segundo a minha mãe, em homenagem ao apóstolo dos gentios antes da sua conversão ao Cristianismo.

Enfim, Ruan veio em casa acompanhado do Senhor Santos, também cidadão espanhol, que se intitulava tio da noiva. Apresentou-se, tanto a mim quanto à minha esposa e às meninas, de forma um tanto arrogante, não dando praticamente qualquer importância para nós, como se não fôssemos os proprietários do local onde ele punha os pés.

Com um olhar de lince que espreita a sua presa, passou rapidamente do interior da nossa humilde casa, a mesma que passamos a ocupar com a morte dos meus pais, para analisar a propriedade como um todo. Observava tudo, até onde a vista podia alcançar. Virou-se, certa vez, em direção ao Ruan, solicitando informações das quais meu irmão não se recordava, ignorando a mim e a Luna. Era como se não fôssemos também os responsáveis por aquele pedaço de terra.

Para não criar qualquer embaraço, e em respeito ao meu irmão diante daquele senhor que nos era completamente desconhecido, preferi aguardar os desdobramentos sugerindo:

– Talvez o Senhor Santos queira conhecer melhor a propriedade, e você, meu irmão, poderia guiá-lo. Que lhe parece?

Ruan aquiesceu; decidiram, então, que caminhariam um pouco pelo local, caso eu não me importasse.

Tão logo saíram da minha presença, com discrição, para que as meninas não ouvissem qualquer comentário preocupante, carinhosamente perguntei para a minha esposa, e reporto-me assim, porque o tratamento entre nós era, de fato, sumamente respeitoso:

– A senhora não achou estranho o comportamento desse cavalheiro, que praticamente nos ignorou? Mesmo as atitudes do Ruan, que pareceram endossar o tio da sua noiva, não lhe pareceram inusitadas?

A sensibilidade feminina da Luna conduziu-a na resposta:

– Pareceu-me realmente peculiar, meu senhor. A impressão é a de que o interesse é o único fator que os move nesta visita. Sabemos que, por direito, teus irmãos podem exigir a parte que lhes cabe do pouco que temos. Mesmo assim, o Ruan, sendo o mais velho, talvez não precisasse agir dessa maneira...

E Luna polidamente continuou:

– Perdoa-me, meu senhor, por estar pronunciando um julgamento antecipado de um membro querido da nossa família. Todavia, estou apenas considerando alguns aspectos diante das tuas desconfianças, que não me parecem descabidas.

– Pois é, senhora, lamentavelmente tenho de concordar. Aguardemos, então, o retorno de ambos os senhores para verificar o que os move de fato.

Pelo tamanho que a propriedade ocupava, não demorou muito para que os nossos visitantes estivessem de volta. Convidei-os, então, para entrarem em casa, mas Ruan achou por bem nós conversarmos na parte externa mesmo, distante da minha esposa e das garotas.

Atendi-os como fora solicitado. Meu irmão mais velho iniciou, então, a conversa de forma franca e direta:

– Jayme, meu querido irmão, sei da tua luta para a manutenção da propriedade que pertenceu aos nossos avós, sendo, depois, herdada pelos nossos pais, mas que agora nos pertence. Gostaria de lhe informar que estou cuidando também dos interesses do nosso irmão Saulo, que me orientou dando-me total autorização para tratar contigo da partilha do que pertenceu aos nossos pais.

Pelo estado que eu e o Senhor Santos, meu já considerado querido tio, pudemos observar, a propriedade é bastante produtiva, com poucos funcionários residentes. Pode-se, então, alcançar um valor bastante razoável com ela, por conta desses bons resultados, pelos quais eu, particularmente, lhe dou os parabéns, tamanha a competência!

Os dados estavam lançados e eu deveria ficar atento com os próximos movimentos da dupla, para não cometer deslizes desfavoráveis para mim ou causar qualquer embaraço nas negociações. Estas, porém, na minha opinião, poderiam ser encaminhadas de uma maneira mais elegante, principalmente pelo Ruan que, sendo o meu irmão mais velho, deveria receber todo o meu respeito e consideração, apesar do seu afastamento total do nosso convívio, devendo ser esta também a sua conduta para comigo.

Outro aspecto a ser considerado naquele instante era a figura do futuro tio. Este, além de não fazer parte da nossa família, estava, de certa forma, se envolvendo ou, pelo menos, participando de algo que absolutamente não lhe dizia respeito.

Assim, diante do inesperado, decidi iniciar com muita tranquilidade as minhas colocações:

– Meu irmão, estimo as tuas palavras de consideração a respeito do trabalho que é desenvolvido na nossa propriedade, lembrando que ele não diz respeito apenas a mim, mas sim aos esforços dos nossos pais, dos empregados, da minha senhora e das minhas filhas. Nesse sentido, poderíamos iniciar estas tratativas dentro do meu lar, na presença da minha família, que deve ser participada do nosso negócio.

Ruan, procurando manter a classe, falou:

– Perdão se eu o interrompo, Jayme, meu querido irmão caçula, mas creio que a inclusão da senhora e das crianças em tratativas masculinas não é adequada em momento algum.

– Quem se desculpa agora sou eu, se retomo a palavra tão bruscamente. Porém, Ruan, estas são posturas de uma educação arcaica. Ademais, quem vive na conjugação de forças para lidar com os desafios que se apresentam na vida em caráter rotineiro não pode aceitar, em situação alguma, uma separação diante de decisões importantes. Uma questão que se apresenta de forma simples é esta: por que somente na hora das dificuldades dividimos as tarefas?

– Compreendo a tua posição, meu irmão; mas devo lembrar que a propriedade não pertence diretamente à tua esposa e às filhas.

Talvez Ruan e o Senhor Santos estivessem apostando em lidar com um matuto qualquer, despreparado diante da sagacidade dos homens da cidade grande, os quais, nos poucos instantes daquela conversa, demonstravam sua frieza, o quanto eram calculistas. Não era aquilo que diziam, mas o que transpirava das suas emoções que falava mais alto para mim. O Senhor Santos, especificamente, dava mostras claras de profundo enfado com a conversa que mal se iniciava, como se quisesse resolver tudo com um simples golpe de espada.

Tal atitude grotesca não me intimidou; sequer lhe dei importância, continuando a fala:

– Não precisamos discutir os direitos delas; mas como vejo que a praticidade faz parte dos teus interesses e também do nosso irmão Saulo, que você diz representar, podemos partir para a negociação, estabelecendo o preço adequado dos campos, que não são tantos assim, aliás.

Também devemos estabelecer uma forma de eu poder quitar os valores junto a vocês no menor prazo possível.

Percebi que os olhos do Ruan brilharam quando eu terminei a frase. Porém, demonstrando uma atitude gananciosa que não me era conhecida, ele falou:

– Sim, poderia ser isso, mas um parcelamento me parece algo muito demorado. Se vendêssemos a propriedade para algum interessado, o que não deve ser difícil, pelo estado em que as coisas aqui estão, cada um de nós ficaria com a sua parte, dando condições para você, caso seja do teu agrado, comprar uma outra gleba e se estabelecer lá com a família.

Percebi o movimento rápido do meu irmão, que me surpreendia de maneira um tanto assustadora. Porém, eu não poderia, naquele momento, confrontá-lo, fazendo com que a situação saísse do controle. Assim, respondi:

– Bem, eu preciso de uns dias para pensar, porque, para mim, é muito importante manter a propriedade que foi tão bem administrada pelos nossos antecessores, os quais se sacrificaram pelo bem de todos da nossa família, dando-nos suporte em todos os aspectos. A propriedade não deve ser tratada como um simples objeto que precisamos rapidamente descartar. Preciso verificar os valores envolvidos e recorrer aos amigos e proprietários para, talvez, alcançar um empréstimo e saldar a parte que lhes pertence no menor prazo possível. Caso eu não tenha como encerrar as tratativas dessa maneira, recorrerei, então, à venda da propriedade e à consequente partilha do valor entre nós.

O Senhor Santos, que até então se mantinha calado, dirigiu-se ao Ruan endossando:

– O teu irmão está certo. Ele saberá agir com bom senso diante dessa demanda justa. Creio que poderemos, ou melhor, você poderá aguardar a realização dos eventos.

Suas considerações encerraram a conversa dessa forma. Então, estendeu seus cumprimentos formais, sendo seguido pelo meu irmão. Partiram, depois, em direção à carruagem, que continuava à espera, sem ao menos se darem ao trabalho de se despedirem da minha esposa nem das minhas filhas.

Não sei o porquê daquela imagem que me surgiu na mente naquele instante; mas pude ver, com clareza, uma raposa-vermelha saindo furtivamente da toca.

CAPÍTULO 3

ESPERANÇAS RENOVADAS

Assim que o Ruan e o Senhor Santos se retiraram da propriedade, procurei acalmar-me respirando a longos haustos. Fui, então, surpreendido pela chegada da Luna, que sutilmente se aproximou questionando se eu estava bem.

Busquei amenizar ao máximo a ocorrência para que ela não se preocupasse em demasia. Mas a sensibilidade que lhe era característica, aliás, como o é entre as mulheres, auscultou o meu íntimo. Transmitindo-me, então, uma dose extra de confiança, manteve-se tranquila e atenta ouvindo o meu relato.

Após a síntese que lhe fiz, ela disse:

– O momento não é para nos desesperarmos, meu senhor. Somos pessoas com crédito, tanto com os nossos amigos quanto com os pequenos comerciantes do vilarejo. Podemos, inclusive, acionar o padre da nossa paróquia, que certamente intercederá por nós junto aos moradores, porque sinto que ele mantém um carinho especial para com o senhor, tal como se fosse teu pai.

– Mas, senhora, o povo dessa região é tão simples e pobre quanto nós... Seus recursos são limitados. Eles não poderão oferecer muito pelo pouco que possuem. Hoje me arrependo de termos utilizado o dinheiro da venda da tua propriedade, herdada dos teus pais, para investir todo ele neste nosso negócio...

– Meu senhor, em absoluto devemos nos arrepender, pois o que fizemos gerou possibilidades maiores de criação, além de trabalho para essas duas famílias que nos acompanham há anos. Proponho que iniciemos as nossas tratativas ainda hoje, solicitando ao pároco que nos auxilie de imediato.

– Senhora, e se não conseguirmos o volume de recursos necessários? Esses campos podem estar custando muito...

– O meu amado senhor esqueceu-se que a condição dos demais proprietários é semelhante à nossa? O valor de suas terras equipara-se a essas que nos pertencem. Assim, as avaliações não serão distorcidas nos valores a serem apresentados aos teus irmãos. Aliás, penso que qualquer transação deverá contar também com a presença do Saulo, não?

– Deveria ser assim; contudo, o Ruan me disse que está com autorização para negociar em nome dele.

– Sendo assim, meu senhor, deveremos incluir o documento que ele provavelmente traz em nome do Saulo, para garantirmos que as transações sejam realizadas da forma mais correta e transparente possível.

Fiquei impressionado com a perspicácia da Luna, dando-me a impressão de ser mais inteligente e precavida como eu jamais imaginara.

Enfim, de ânimo fortalecido, decidimos trocar as nossas vestimentas de trabalho e irmos inicialmente ao vilarejo em busca do pároco. A distância entre a nossa casa e o vilarejo nós cobrimos, com a nossa charrete, em curto espaço de tempo.

Tão logo desembarcamos em frente à paróquia, nosso estimado Padre Luca, um italiano bonachão com sotaque carregado, que fora designado para a nossa região há alguns anos, nos recebeu, como sempre, com o seu jeito simpático e amoroso. A relação dele para com todos ali era a de um pai com os filhos. Após os cumprimentos e a benção que nos foi dada, convidou-nos para entrarmos e irmos até a sacristia, uma salinha minúscula em que alguns poucos móveis toscos compunham o ambiente.

Sentamo-nos e explicamos ao querido clérigo as nossas preocupações, procurando detalhar os pontos mais importantes. Da minha parte, mostrava a disposição de proceder de maneira justa com os meus irmãos, independentemente do afastamento de ambos não só da propriedade, mas também da família.

O sacerdote ouviu o relato pacientemente. Assim que encerramos, falou com um tom de quem já possuía a tranquilidade no coração:

– Lamentavelmente, não tive a oportunidade de conhecer os teus irmãos, pois assim que fui designado para esta paróquia, em substituição ao nosso querido prior que falecera, tanto o Ruan quanto o Saulo haviam partido daqui, embora há pouco tempo.

Entretanto, pela educação primorosa que receberam dos teus pais (que Deus os tenha!), o que vejo por você, não deverá ser complicado qualquer tipo de negociação. Na verdade, o bom senso deve marcar a vida deles como também marca a tua. Logo, vamos iniciar a nossa cruzada para avaliarmos a propriedade adequadamente. Enquanto fazemos isso, poderemos solicitar aos nossos queridos residentes o auxílio necessário para o levantamento dos fundos, o que os permitirá fazer frente aos respectivos pagamentos.

Para tanto, solicito que vocês, principalmente você, meu caro Jayme, procurem manter a calma, orando sempre e tendo fé no Criador, cuja bondade infinita não nos desampara em momento algum. Nos instantes em que a dúvida assaltar, lembrem-se de Jesus, Nosso Senhor e Mestre, que nos ensinou a "vigiar e orar". Dito isso, meus filhos, vamos iniciar as tratativas a partir de agora e com as esperanças sempre renovadas. Vou hoje mesmo falar com alguns dos residentes. Sugiro que vocês procurem os proprietários da região para verificar os valores envolvidos nas terras que possuem.

Despedimo-nos do pároco felizes pelo fato de contarmos com a sua generosidade e o seu estímulo positivo em nosso favor. Fomos, então, em busca dos amigos para providenciar as devidas avaliações.

CAPÍTULO 4

INCONVENIÊNCIA

Exatas vinte e quatro horas depois da segunda visita do meu irmão, lá estava ele novamente em casa, acompanhado não apenas do seu "tio", mas também da noiva, cuja postura em nada me agradava.

Cumprimentamo-nos formalmente. Ruan solicitou logo que conversássemos sem a companhia da Luna ou das minhas filhas, pedido este que eu recusei de imediato. As garotas poderiam ficar de fora das nossas tratativas, mas a minha esposa seria mandatoriamente incluída. Como, da parte dele, não havia qualquer exceção quanto à participação da sua noiva bem como do tio dela, apesar de o Senhor Santos, principalmente, se tratar de um elemento estranho a nossa família, não havia porque a ausência da Luna. Resolvido, pois, esse impasse, achei melhor ouvir primeiro o que ele tinha a me dizer para só depois me pronunciar.

A princípio Ruan fez certos volteios para só então disparar:

– Bem, Jayme, meu estimado irmão, creio que você dispõe de algum valor para me adiantar, uma vez que as minhas despesas com a viagem, a hospedagem, os transportes e a alimentação se apresentam muito altas. Sabendo, também, que a propriedade não será vendida de imediato ou que será comprada a minha parte, melhor dizendo, a minha e a do Saulo, por você, o valor, a título de adiantamento, poderá ser descontado quando do pagamento total a ser realizado mais tarde.

Achei um insulto o que estava sendo dito, principalmente diante da minha esposa. Assim, respondi:

– Ruan, você aparece do nada, como um verdadeiro fantasma, na companhia deste senhor e desta senhora, para nós, ilustres desconhecidos, sem que, da minha parte, eu queira faltar com o devido respeito que eles merecem. Encontra-se, pois, dentro da minha casa e da propriedade para a qual você, como meu irmão mais velho, nunca demonstrou qualquer interesse, o mesmo se dando com relação à sua produção. Pior: em relação à família, nunca sequer deu um único sinal de vida, nem mesmo em respeito aos nossos pais, até para saber se continuavam vivos ou não. Pois bem. Agora você vem com exigências, quer que eu me desfaça do patrimônio ou compre a tua parte e a do Saulo, o qual, por sua vez, também desapareceu daqui. Solicita, ainda, um adiantamento para cobrir o luxo que você enverga em viagem, hospedagem e outros itens do teu interesse. Por acaso não lhe ocorreu que a tua inconveniência esteja acima de qualquer atitude suportada pelo bom senso?

Sua noiva e o Senhor Santos contorceram-se nas cadeiras que ocupavam e pediram para se retirar do ambiente, aguardando na parte de fora da residência. Porém, Ruan, demonstrando uma indiferença sem igual, ajeitou-se melhor no banco tosco que ocupava e, cofiando o bigode extremamente bem aparado, falou calmamente:

– Meu querido irmão caçula, você não precisa perder a calma diante de pessoas tão respeitáveis como a tua esposa, a minha noiva e o seu parente. Podemos tratar de negócios como dois cavalheiros e solucionar pendências da tua parte da melhor forma possível.

Aquilo para mim foi demais. Quando ele se referiu às tais pendências, de pronto respondi perguntando:

– Pendências, Ruan, que pendências?

Ele continuou impassível e cinicamente replicou:

– Jayme, Jayme... Você não quer ficar com a propriedade exclusivamente para você, sabendo que os teus irmãos têm direitos sobre ela, não é mesmo? Não posso crer que exista alguma ponta de interesse da tua parte em nos lesar.

Luna tocou-me suavemente no braço como a me pedir que mantivesse a serenidade, sem que fosse preciso, por parte dela, ser dita uma só palavra.

Respirei fundo e demoradamente. Então, sem qualquer exaltação, falei:

– Escute bem, Ruan, eu jamais lesei quem quer que fosse na minha vida e nunca tomaria uma atitude desonesta com estranhos, o que dizer com aqueles que partilham do mesmo sangue que corre nas minhas veias.

Mas você entra no meu lar e, por estar na condição de meu irmão mais velho, o primogênito da família, acha que pode me ofender, procurando duvidar da minha integridade moral? Você será indenizado na tua parte e na do Saulo também e isso no menor prazo possível, com todos os registros ou testemunhas necessárias à transação. Contudo, não farei um mal negócio com a propriedade onde nossos avós e pais deram o seu sangue na labuta diária a fim de você cobrir as despesas imediatas ou outras que você venha sofrendo. Você poderá voltar para a tua cidade, deixando-me endereço, tanto o teu como o do Saulo, para que eu possa encontrá-los com os valores em mãos, os documentos apropriados e as testemunhas, a fim de que se dê o acerto final dos nossos negócios.

Ele se levantou de súbito, demonstrando certa contrariedade, provavelmente muito mais por não ter o seu desejo financeiro atendido de imediato do que por se sentir insultado com o que eu acabara de falar.

Antes de se despedir solenemente, disse:

– Creio que não tenho mais coisa alguma a tratar com você. Desse modo, enviarei uma carta com a minha direção e as providências a serem tomadas quando do acerto da venda ou da compra da propriedade por você. Passem muito bem!

Saiu dando-nos as costas friamente. Com um sinal de cabeça para o tal tio e para a sua noiva, subiram na elegante carruagem que os aguardava e saíram o mais depressa possível do local.

Assim que se afastaram, comentei com a Luna:

– Estranho, não, minha senhora? Por que ele não deixou o endereço ou outra forma qualquer de contato, dizendo que enviaria por carta a sua direção? Bem, seja como for, que possam ir muito bem na companhia de Deus!

Luna apenas olhou-me algo preocupada e finalizou:

– Melhor orarmos, meu senhor, para que tudo possa ocorrer em paz.

CAPÍTULO 5

INDIGNAÇÃO

Procuramos dar seguimento normal às nossas atividades no campo. Mas a verdade é que, a partir das conversas com o Ruan, passei a reservar algum tempo para cuidar das possibilidades de empréstimo, da avaliação das terras e de qualquer outra ação que pudesse resolver com rapidez aquele impasse criado de forma tão abrupta.

Nas horas da minha ausência, Luna continuava a administração junto aos funcionários, demonstrando uma competência que, em muitos momentos, superava a minha, não somente no trato com os animais, mas também com a terra e os funcionários. Cuidava de tudo, além da casa, na companhia das nossas filhas.

Por sua vez, o pároco do nosso vilarejo aplicou-se com afinco na tentativa de levantar os valores, depois que conseguimos a avaliação da propriedade. Como as terras não tinham um custo acentuado, até mesmo pelos campos não serem assim tão extensos, antevimos uma grande chance de sucesso de alcançarmos o montante para fazer frente aos meus compromissos com o Ruan e o Saulo, procedendo o pagamento da parte que lhes cabia.

Enfim, tudo correu de forma positivamente impressionante. Em poucas semanas, estávamos de posse dos valores bem como da carta com a direção de Ruan, que fora encaminhada diretamente da hospedaria em que ele e o seu pessoal ficaram instalados durante aquela breve visita.

O peculiar dessa situação é que o nome e o endereço para os quais eu deveria me dirigir eram o do Senhor Santos e não do meu irmão. Conversando com a minha esposa, apresentei-lhe a missiva comentando a respeito. Se enviássemos a carta para o Senhor Santos, fatalmente seria aberta por ele e não pelo interessado direto, que era o Ruan. Este, por sua vez, deveria envolver o Saulo na questão, já que também tinha direitos sobre a propriedade.

Luna, sempre muito previdente, sugeriu que enviássemos a nossa correspondência colocando o nome do Ruan, mas com a observação: "aos cuidados do Senhor Santos". Dessa forma, a carta teria de ser aberta pelo interessado direto e não por terceiros. Procedemos, então, dessa maneira, tomando o cuidado de conferirmos a gramática com o sacerdote da nossa paróquia.

Na carta, explanávamos os resultados alcançados com a avaliação da propriedade, tendo por base campos semelhantes na região. Apontávamos, consequentemente, os valores que deveriam ser repassados na partilha, informando, ainda, que o numerário já se encontrava à disposição, tanto o dele, Ruan, quanto a parte que cabia ao Saulo.

Como a demora na troca de correspondências era comum naqueles tempos, ainda limitados pelo transporte, decidimos deixar os valores em custódia com o nosso pároco, que se incumbiu de reservá-los em segurança. Demos seguimento, assim, aos nossos negócios, mas agora com maior afinco, porque tínhamos a responsabilidade dos pagamentos mensais aos nossos credores, independentemente de os valores estarem ainda à disposição dos meus irmãos.

Cerca de quatro meses depois da nossa missiva, recebemos a resposta do Ruan. Em poucas linhas, demonstrava a sua total indignação com os valores apresentados. Encerrava a sua carta dizendo que os avaliadores deviam ter sido cooptados por mim para proceder de forma desonesta, reduzindo em muito o quanto de fato valia a propriedade. Por isso, tanto ele quanto Saulo tomariam as medidas cabíveis para solucionar de forma mais adequada aquela pendência.

Eu não podia crer no que os meus olhos estavam vendo naquelas palavras grafadas com tanto desrespeito por mim, que era um membro da sua família, sangue do seu sangue. Estava sendo tratado como um salteador vulgar, em busca de tirar vantagens indevidas em cima de um pedaço de terra. Ora, o Ruan não tivera a mesma educação ilibada dos nossos pais, a ponto de considerar que entre nós a desonestidade era simplesmente intolerável? Não era ele o primogênito, que merecia todo o meu respeito? Por que me tratava daquela maneira, quando eu procedia corretamente perante os seus direitos?

As lágrimas me banharam o rosto bronzeado pelo sol por conta do trabalho duro que desenvolvíamos na propriedade. Nem mesmo a morte dos nossos pais ou a dos meus sogros foram tão doídas como aquelas palavras registradas com frieza e repletas de acusações descabidas, principalmente porque eram proferidas por um familiar que se afastara de nós há muitos anos.

Foi impossível esconder da Luna a minha indignação. Ao ler a carta, que passei às suas mãos, sentiu-se tão mal que eu, num átimo, precisei ampará-la para que não fosse ao chão, tamanho o choque que sentiu ao passar os olhos por aquelas linhas. Jamais havíamos sido tão desrespeitados ou tratados com tamanha crueldade em toda a nossa vida simples de camponeses. Era como se estivéssemos sendo apunhalados pelas costas e pelo meu próprio irmão, o cunhado da Luna.

Tão logo ela se acalmou, preocupada em não demonstrar para as nossas filhas o que de fato se passava com o tio delas, solicitou que fizéssemos uma prece, porque, com absoluta certeza, o Senhor nos havia de orientar, como o grande Mestre que era.

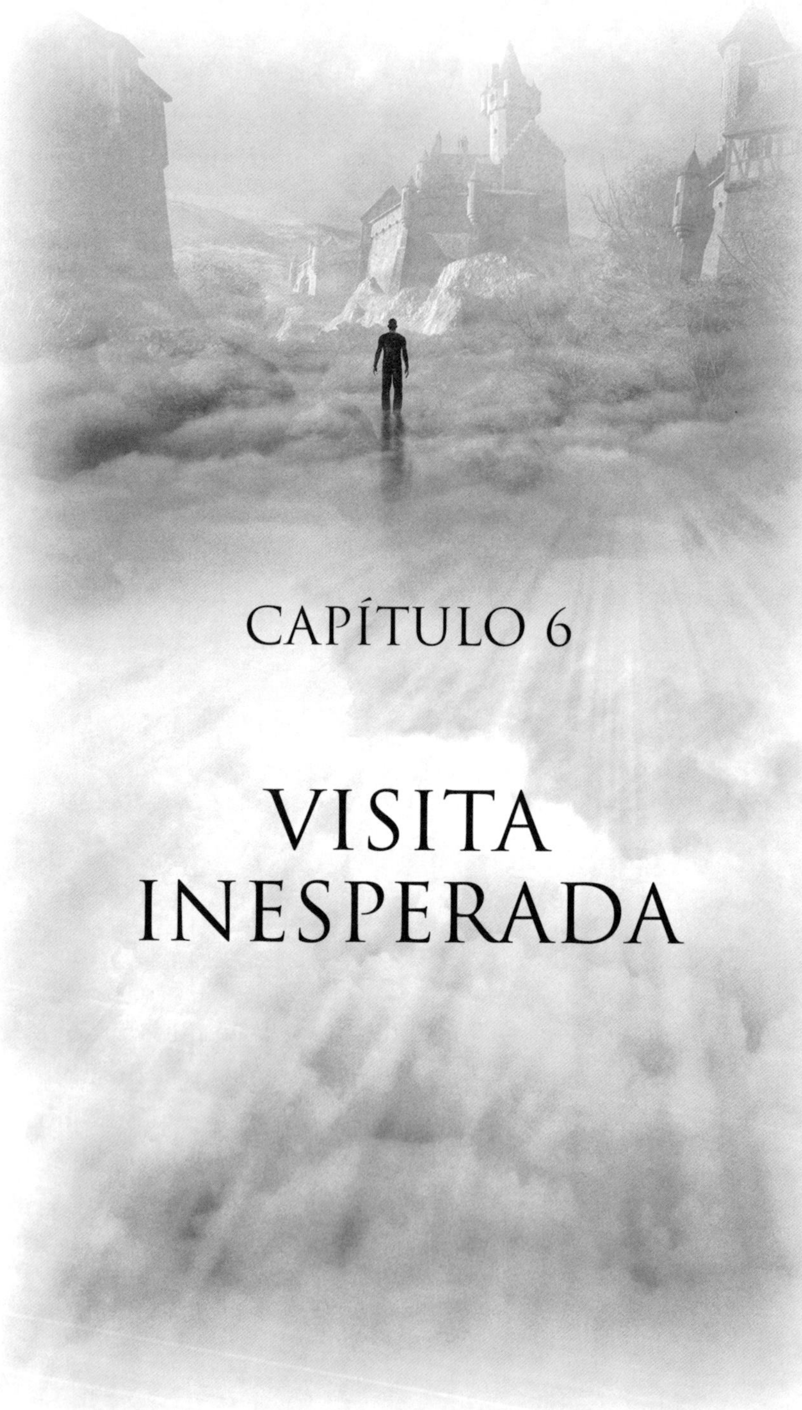

CAPÍTULO 6

VISITA INESPERADA

Confesso que acompanhei a prece fervorosa proferida pela minha esposa muito mais por educação e respeito devido a ela do que efetivamente empenhado em dedicar atenção às palavras pronunciadas, as quais, aliás, eram envoltas em profundo sentimento. O que de fato ocorria no meu íntimo era a alteração das minhas emoções.

Da indignação passei a sentir profunda revolta por ser tratado daquela forma tão caluniosa por um membro da minha família. Ele poderia ter sido o substituto do meu pai, caso este viesse a faltar logo na minha primeira infância. Meu desejo central era viajar até Paris para tirar satisfações diretas com o Ruan ou com quem mais estivesse envolvido com ele naquela trama interesseira que se desenrolava.

Para mim, devido à educação que recebêramos dos nossos pais, sempre eivada de exemplos nobres e éticos, Ruan devia estar completamente envolvido em algum processo de fascinação. Era possível que estivesse enfeitiçado pela sua noiva ou pelo tio dela, pois, desde o princípio, ambos não haviam me inspirado qualquer ponta de confiança.

Mas, ao mesmo tempo que entabulava mentalmente o desejo de uma viagem, pensava nas responsabilidades assumidas nas nossas atividades bem como nos compromissos juntos aos amigos, que haviam se cotizado para levantar os valores agora reservados com o clérigo.

Assim, fui aos poucos me acalmando sendo literalmente despertado dos devaneios pela minha estimada esposa, que perguntou logo após as orações:

– Sente-se melhor agora, meu senhor?

– Usando de muita honestidade, digo à senhora que estou tentando me acalmar o mais depressa possível. Mas o fato é que eu poderia esperar algo semelhante de alguma criatura que estivesse fora de sua razão, mas nunca de um familiar, o que dizer do meu irmão mais velho! Ainda assim, pensando melhor, temos muito trabalho pela frente, principalmente para honrar os pagamentos junto aos nossos credores.

– Sem dúvida alguma, meu senhor! Fizemos a nossa parte, temos a consciência tranquila de que as ações levadas a efeito foram completamente lastreadas na ética e no bom proceder, procurando salvaguardar o direito de todos. Se assim é, cabe-nos aguardar pelo meu cunhado, o qual, da mesma forma que esteve aqui nos visitando de forma inusitada para apresentar os seus interesses, deverá em breve retornar com uma proposta que considere mais adequada a fim que de, da nossa parte, possamos analisá-la.

– A senhora sempre emprega extremado equilíbrio nas tuas observações. Compartilho integralmente das tuas valiosas opiniões! Aguardemos, então, que o Ruan venha ter conosco.

Luna, com a sua perspicácia apuradíssima, procurando alterar o rumo daquele evento desagradável, convidou-me:

– Meu senhor, temos muito o que fazer. Então, vamos ao trabalho que nos espera?

Aquiesci de bom grado, até porque sempre soube que as atividades no serviço honesto é benção divina ocupando a mente com os elementos saudáveis da vida.

Envolvemo-nos, pois, de tal maneira nas tarefas, que eram muitas, que os dias passaram céleres. Estes, então, foram sucedidos por semanas sem que tivéssemos qualquer notícia do Ruan. Até o dia em que o pároco apareceu para uma visita em casa.

Padre Luca chegou no meio da manhã. Como eu me encontrava no campo, fui chamado por uma das minhas filhas, comunicando-me da visita. Dirigi-me para casa envolto em certo grau de ansiedade pelo incomum da situação; ao mesmo tempo, estava feliz com a presença daquele pastor de almas que todos nós aprendêramos a respeitar e a amar, pela bondade que transpirava do seu coração.

Após os cumprimentos e a tomada da benção, sentamo-nos ao redor da mesa para ouvirmos dele o porquê daquela visita tão ilustre. Apesar da sua elegância e suavidade no falar, seu cenho demonstrava certa preocupação com alguma coisa, porque ele iniciou dizendo:

– Meus filhos, algo de inusitado está se passando e achei por bem comunicá-los. Não que a minha atitude tenha de lhes imputar maiores preocupações vindo a alterar o ritmo de trabalho desenvolvido por vocês. Contudo, a minha visita prende-se ao fato mencionado na missiva que recebi do nosso respeitado bispo. Em suas observações, ele apresenta diretos apontamentos familiares de um dos seus parentes em relação a vocês. Como a carta não especificava do que efetivamente poderia se tratar, mas, sabendo de antemão a demanda do nosso caro Ruan, fiz imediata ligação com as ocorrências relativas à partilha das terras.

Ao ouvir as palavras do estimado clérigo, novamente senti como se uma lâmina afiadíssima dividisse o meu coração ao meio, por perceber que de alguma forma o Ruan poderia mesmo estar envolvido naquela trama toda.

Respirei profunda e calmamente para não me trair e usar palavras descabidas. Somente após me tranquilizar um pouco é que disse:

– Agradeço imensamente a tua atitude para conosco e peço que o Senhor o abençoe em nosso nome, pela bondade que nos é reservada, Padre Luca. De fato, recebi, já faz algumas semanas, uma carta enviada pelo Ruan, em que faz observações desrespeitosas e verdadeiramente absurdas. Gostaria que o senhor passasse rapidamente os olhos sobre ela.

Levantei-me indo pegar a missiva que se encontrava guardada em lugar reservado. Apresentei-a, tendo as mãos trêmulas diante de tantas surpresas desagradáveis. O pároco leu rapidamente o texto. Tão logo terminou, notei que os seus olhos estavam umedecidos, provavelmente em virtude do teor absurdo que constava naquele pedaço de papel.

Ele se recompôs rapidamente; em seguida falou:

– Bem, não nos cabe, agora, ficar teorizando sobre o que foi demandado, se é que de fato o foi pelo Ruan. Todavia, seria de bom tom que eu levasse para a minha reunião esta missiva, que pode se constituir em prova favorável a você, demonstrando que todas as providências frente à questão foram tomadas com absoluta lisura.

Mais uma vez, peço que compreendam que, da minha parte, não poderia deixar de informá-los sobre a ocorrência, já que, conhecendo vocês, acompanhando de perto todo o processo e intermediando o interesse de todos, isso era o mínimo que eu poderia fazer. Parto amanhã bem cedo para a cidade. Tão logo retorne, virei visitá-los para os esclarecimentos ou providências necessárias. Por enquanto, fiquemos em paz, orando para que tudo se esclareça da melhor maneira possível.

Agradecemos o estimado padre, despedindo-nos sob suas bênçãos, que irradiavam uma energia pura e sincera. Com ela, tínhamos a nítida impressão de estarmos recebendo um real banho de luz envolvendo-nos em paz.

CAPÍTULO 7

TRAMA

Os dias se passaram envolvidos sempre em muito trabalho para toda a nossa família. A única exceção que tínhamos era a nossa rotina religiosa, que cumpríamos aos domingos no vilarejo. Com a ausência do Padre Luca por mais de uma semana, um clérigo vindo de uma cidade próxima foi destacado para a realização da santa missa.

Tratava-se de um senhor com idade avançada e extremamente franzino. Ao contrário do nosso estimado pastor de almas, o querido e bondoso Padre Luca, sua expressão apresentava-se carregada, com o olhar um tanto acusatório, pelo menos em relação a mim, aos meus familiares e aos meus funcionários, que sempre nos acompanhavam no culto.

Em um dos dias, ao nos despedirmos dele ao final da liturgia pedindo-lhe a bênção, recebemos um tratamento frio, sem qualquer consideração de sua parte. Era como se ele tivesse recebido alguma orientação desonrosa a nosso respeito. Tão logo pude, comentei, em particular com a minha esposa, sobre a postura do clérigo. Por sua vez, apesar de também ter estranhado o comportamento dele para conosco, Luna foi mais amena nos seus apontamentos, alegando que muito provavelmente essa impressão estava atrelada ao fato de ele não nos conhecer, ao passo que os outros moradores do vilarejo já tinham tido contato com ele, pelo menos no dia anterior à realização da missa. De todo modo, como tínhamos muito o que fazer, descansamos naquele domingo a fim de estarmos prontos para o trabalho na segunda-feira. Costumeiramente levantávamos todos os dias antes do sol nascer.

Apesar de o serviço ser muito para os poucos braços que tínhamos envolvidos nele, por volta das onze horas da manhã, parávamos para o almoço, cerca de meia hora aproximadamente. Foi durante a refeição, justamente, que pude divisar, ao longe, a poeira da estrada se levantando. Era movida por vários cavalos, que traziam soldados no dorso. Logo atrás, uma carroça gradeada seguia pesadamente o cortejo.

Avançaram em nossa propriedade sem qualquer cerimônia. Tão logo os soldados apearam, um deles, que me pareceu ser o oficial do grupo, adiantou-se na minha direção. Àquela altura, tanto eu quanto a Luna e as meninas já nos encontrávamos fora de casa, tentando entender o que se passava.

O oficial, de maneira ríspida, nos comunicou:

– Estou encarregado pelo Tribunal do Santo Ofício da Inquisição de levá-los conosco, tanto você quanto os teus familiares, para questionamentos necessários.

Quando perguntei que tipo de questionamentos seriam, o oficial se mostrou completamente indignado e, avançado em minha direção, esbravejou:

– Escute aqui, seu herege, eu cumpro ordens sem questionar os meus superiores. Logo, suba na carroça, tanto você quanto todos da família! E de boca calada, para que eu não perca a paciência!

Eu tentei contra-argumentar, mas os soldados que o acompanhavam investiram contra mim. Vencendo-me facilmente, uma vez que agiam em conjunto, literalmente me arrastaram para a carroça, fazendo o mesmo com a Luna e as meninas.

Os funcionários tentaram intervir, porém, foram ameaçados pelas armas empunhadas pelos soldados. Então, o oficial, virando-se para eles, bradou:

– Cuidem bem da propriedade até que lhes digam o que devem fazer!

Diante de quadro tão esdrúxulo, e eivado do horror de nunca ter sido tratado daquela maneira, procurei retomar a calma, buscando minimizar o desespero que se implantara nas meninas. Aterrorizadas, elas buscavam se entrelaçar à minha esposa que, por sua vez, tentava controlar as lágrimas.

Um dos guardas, que me pareceu ser tão frio quanto aquele que o comandava, gritou:

– Parem imediatamente com essa choradeira, se não quiserem levar umas boas estocadas! Aí, sim, vocês terão bons motivos para chorar.

Tive de desviar o meu olhar daquele homem desrespeitoso e atrevido a fim de que ele não sentisse qualquer ponta de desafio da minha parte, o que o levaria a implementar o castigo que estava nos comunicando.

Luna, olhando-me, então, fixamente, disse baixinho:

– Meu senhor, vamos recorrer à oração, porque o

Nosso Pai de amor estabelecerá a verdade, seja ela qual for, diante de uma acusação que sequer temos conhecimento. Não somos hereges; portanto, não temos o que temer!

Apesar da fortaleza que a Luna demonstrava, desconfianças de uma possível trama orquestrada pelo Ruan ou, talvez, pelo trio como um todo, no qual se inseriam a sua noiva e o Senhor Santos, passaram a fazer parte das minhas elucubrações. Juntava-se a elas a questão intrigante envolvendo o desaparecimento do Padre Luca.

– O que está por trás desta trama toda? O que, de fato, nos espera? A que tipo de interrogatório nós seríamos submetidos? – era o que eu me questionava insistentemente enquanto o cortejo prosseguia rumo à cidade.

CAPÍTULO 8

INTERESSES MESQUINHOS

A viagem até a cidade mais próxima foi deveras extenuante, a começar pelo fato de fazermos duas paradas para que os cavalos pudessem descansar do calor que se fazia intenso no verão daquele ano. Por sua vez, a crueldade dos soldados era manifesta. Agiam como se estivessem impregnados de um ódio sem tamanho por nós. Da nossa parte, contudo, permanecíamos sem sequer entender o que se passava.

A sede nos consumia, não apenas pelo sol escaldante àquela hora do dia, mas também pela poeira que respirávamos, uma vez que a carroça onde estávamos seguia atrás dos cavaleiros. Mesmo com isso, não nos foi oferecido um só gole d'água. Quando solicitei a um dos soldados que atendesse pelo menos a minha esposa e filhas, ele aproximou-se das grades e, com um bastão, deu-me uma tremenda estocada no rosto que abriu imediatamente um corte, colocando à mostra certa quantidade de sangue. Isso aumentou o desespero da Luna e das nossas meninas.

Na realidade, os fatos relacionados a hereges bem como as punições exemplares a eles aplicadas não nos eram de todo desconhecidos, apesar da distância que nos separava da cidade, vivendo quase que isolados ali no vilarejo. As notícias chegavam pelos comerciantes, os quais intermediavam os nossos produtos. Eles, justamente, sempre descreviam os horrores das execuções heréticas.

O porquê de estarmos envolvidos naquela situação era o que mais me intrigava. Ora, a nossa vida, tanto minha quanto a da Luna, sempre fora pautada pelo mais rigoroso cumprimento das leis e pela ética – o mote central da educação que recebemos dos nossos familiares. Além disso, depois que os meus pais e os da Luna decidiram pelo catolicismo, os preceitos da igreja eram por nós levados muito a sério. Por isso, o que de fato poderia ter sido tramado pelo trio miserável para nos colocar numa evidência tão perigosa quanto aquela continuava a me intrigar.

Todavia, eu mantinha uma certeza contumaz: assim que tudo fosse devidamente esclarecido, faria uma visita ao Ruan. Tomaria, então, as providências necessárias quanto ao nosso impasse. No fundo, as desconfianças em relação ao seu nome aumentavam de tal forma na minha cabeça que era impossível não o relacionar às ocorrências deste momento. Havia a sua postura e a dos outros dois que o acompanhavam quando estiveram em visita à nossa propriedade, além daquela carta afrontosa que ele nos tinha enviado.

Enfim, eu seguia aprisionado a essas conjecturas quando, ao chegarmos à cidade, fomos surpreendidos por ações desagradáveis de alguns transeuntes. Dirigiam-se a nós com palavras muito agressivas. Vários deles pegavam pedras para lançarem em nossa direção. Muito poucos eram os que nos olhavam com certo grau disfarçado de piedade, procurando não se comprometer diante de possíveis fanáticos que os acusariam de conluio ou de qualquer outra coisa do gênero.

Logo o cortejo adentrava por detrás das muralhas, que era onde se reservavam os locais de isolamento para prisioneiros de alta periculosidade. Fomos, então, imediatamente separados, apesar dos meus protestos. Por conta disso, fui calado à conta de uma boa quantidade de bastonadas recebidas nas costas, até ser lançado num local imundo e apertado na companhia de outros dois encarcerados. Jogaram-me na parte baixa daquele edifício lúgubre, cuja iluminação se dava apenas por uma pequena fresta de onde podia entrar a luz do sol.

Diante do meu desespero em relação à Luna e às minhas filhas, tão logo os dois guardas e o carcereiro se distanciaram, eu, em voz quase inaudível, para não chamar a atenção dos responsáveis pela segurança, questionei um dos companheiros de desdita, que se apresentava, tanto quanto o outro, em estado lastimável:

– O que se passa com essas criaturas para nos tratarem desta maneira?

Com muita dificuldade, o meu interlocutor respondeu apontando para o outro homem, que se postava a um canto parecendo um farrapo humano:

– Somos acusados de promover feitiçarias. Tentamos resistir às torturas, que nos são infringidas para que confessemos atos dos quais sequer temos conhecimento. Se confessarmos, iremos para a fogueira; caso contrário, morreremos em virtude do sofrimento advindo dos mais diversos recursos que são por eles utilizados para essa tortura. Aqui eles têm de tudo para todos!

– Mas vocês passaram por algum julgamento para estarem assim condenados?

Meu companheiro, demonstrando sua total indignação, respondeu:

– Meu caro senhor, os interesses desse povo pelos nossos negócios e propriedades falam mais alto. Tudo isso se dá em função da desapropriação do que temos, com a participação clara de acusadores que terminam por receber um percentual daquilo que foi arrecadado. Espero sinceramente que o teu caso não seja como o nosso, porque o mínimo será a prisão perpétua, caso escape da fogueira.

– Meu Deus, a minha esposa, minhas filhas estão nas mãos desses verdugos cruéis!

O pobre homem, olhando-me com piedade, encerrou o nosso diálogo de forma sintética:

– Lamento muito!

CAPÍTULO 9

O HORROR

Não demorou muito para eu constatar os horrores impetrados pelo Tribunal do Santo Ofício da Inquisição. Logo no meio da manhã seguinte, segundo os meus cálculos, tendo recebido uma única alimentação composta de um naco de pão duro e embolorado com um pouco de água, fui transferido, em correntes, para a sala reservada aos interrogatórios iniciais.

O ambiente, mal iluminado e com uma circulação de ar um tanto comprometida, exauria odores de sangue, de urina e de fezes, dando o toque de terror ao lugar. Ali, homens encapuzados, verdadeiros brutamontes, apresentavam-se acompanhados por três clérigos, ou algo parecido. Encontravam-se sentados atrás de uma mesa com penas e rolos de papel, provavelmente para as anotações das confissões, conforme eu poderia supor naquela altura dos acontecimentos. Instrumentos, mesas e outros apetrechos de variados tamanhos faziam parte da lúgubre decoração, também composta de criaturas esfarrapadas, presas em correntes e acomodadas praticamente umas sobre as outras, muito provavelmente aguardando a vez para ser submetidas aos suplícios ou talvez algumas delas já tivessem sido torturadas, dado o adiantado da hora.

O carcereiro me empurrou na direção de um dos encapuzados, que me colocou à frente da mesa. Um daqueles sacerdotes perguntou o meu nome para, em seguida, revirar alguns rolos de papel e verificar qual a acusação que me dizia respeito. Encontrando o que procurava, olhou-me fixa e friamente nos olhos dizendo:

– Você, juntamente com os membros da tua casa, é acusado de feitiçaria. Com efeito, na tua propriedade foram encontrados elementos que provam tal prática. Sendo você e tua esposa cristãos novos, com certeza na condição de querer fugir das responsabilidades em relação às ações saneadoras da nossa santa igreja, conforme já pudemos provar em outros casos, continuam, seguramente, professando de modo secreto doutrinas ou cultos ao demônio. Na verdade, o fato de vocês se apresentarem como cristãos em nada muda a condição de sangue impuro que corre nas tuas veias e nas dos teus descendentes. Assim, você se julga culpado das acusações que versam sobre a tua cabeça, visando a nos poupar do trabalho de fazê-lo confessar, ou será que teremos de os submeter aos processos adequados?

Eu estava simplesmente estupefato diante do que ouvia. Assim que consegui vencer a inércia, olhei-o indignado e respondi:

– Isso é um verdadeiro ultraje eivado das mais caluniosas acusações proferidas por algum irresponsável ou provável usurpador! Sou cristão e cumpridor das minhas obrigações. Jamais tive qualquer relação com criaturas voltadas a qualquer prática ilícita. Tenho como testemunha Deus, acima de qualquer coisa, e, na Terra, o nosso pároco, que nos conhece muito bem, cuidando do seu rebanho com exemplar esmero e rigor.

O clérigo olhou-me com desprezo e, dirigindo-se a um dos encapuzados, ordenou:

– Aplique as medidas mais adequadas a esses adoradores do demônio, que se disfarçam entre pessoas de boa conduta, buscando corrompê-los e levá-los para o domínio de Belzebu.

Sob esse comando, fui lançado ao chão com tamanha violência, por um golpe que recebi na cabeça, que demorei alguns minutos para me recompor à medida que era arrastado para um canto, próximo a uma espécie de mesa, onde já se encontrava instalado um homem franzino com cordas atando seus pulsos e tornozelos.

Um daqueles encapuzados disse-me:

– Para começar, demonstraremos a você como funciona este belo instrumento, esperando que a decisão de ganhar um pouco mais de altura não seja do teu interesse imediato.

Dizendo isso, iniciou, na companhia de outro brutamontes, o espetáculo macabro. Os gritos lancinantes daquele pobre homem visavam, com certeza, a aumentar o clima tétrico, a fim de obter rapidamente as confissões de cada um dos presentes. A medida inicial era, pois, a tortura mental.

Como ninguém, a começar do martirizado, concordou com as acusações que lhe pesavam, cada um do pequeno grupo de infelizes como eu foi colocado num tipo de instrumento utilizado para uma sessão conjunta de torturas. Eu resisti até certo ponto, até perder os sentidos. Havia, então, experimentado a roda, com cravos dispostos numa tábua fixa no piso, com o fito de esfolar-me o corpo com certa profundidade enquanto a roda era girada.

Despertei muito mais tarde já na minha cela. Estava, agora, completamente isolado, em condição de verdadeiro farrapo humano, com dores lancinantes pelo corpo e empapado de uma mistura de sangue, fezes e urina. Até perder os sentidos novamente, eu recitava, tal como um verdadeiro mantra, o nome da Luna e das meninas, pedindo a Deus que as poupasse daquele horror.

CAPÍTULO 10

O FANTASMA

A selvageria que aqueles homens usavam em nome de Deus demonstrava um contrassenso jamais visto por mim entre criaturas que se postavam como pastores de almas, dizendo encaminhá-las para o Criador. À medida que os suplícios se mostravam continuados, raros eram os prisioneiros que não confessavam ou que chegavam mesmo a falecer por não suportarem a flagelação à qual os submetiam.

Enfim, de uma maneira ou de outra a punição ocorria, pois, se confessássemos aquilo que nos era proposto, seríamos punidos; mas caso continuássemos a negar as acusações, não era difícil ter a morte decretada, não apenas pelas torturas, mas também pela forma como éramos miseravelmente tratados (a pão e água racionados ao extremo), o que incluía a imundície das celas às quais nos atiravam.

Meu cenário dentro daquele circo de horror era o pior possível. Além da acusação de feitiçaria, minha condição de cristão novo endossava ainda mais as chances de eu ir parar na fogueira. Foi rápido para mim o aprendizado sobre o procedimento diante de qualquer pergunta sobre a minha esposa e as minhas filhas, além do acusador: todas elas eram caladas com uma dose maior de sofrimento, pois, segundo os clérigos que acompanhavam os procedimentos de tortura, quem perguntava eram eles; a nós era reservada apenas a resposta. Depois, enviavam o candidato para a farsa de julgamento, posto que, na realidade, o evento era só a formalização da execução.

Para piorar a minha situação, a minha compleição corpórea era a de resistência, em virtude de um trabalho sempre pesado e de uma saúde férrea. Com certeza, isso piorava em muito os tipos de suplícios a mim aplicados. Contudo, enquanto mantivesse o mínimo de consciência, continuaria sistematicamente negando qualquer acusação absurda a mim imputada.

Vez por outra, os mandantes se valiam de chantagens emocionais, informando que a minha declaração de culpa isentaria minha esposa e minhas filhas da aplicação disciplinar reservada para pessoas que viviam debaixo do mesmo teto que eu, sendo, por isso, suspeitas de conluio. Porém, nada disso adiantava: eu tinha plena certeza de que tanto a Luna quanto as meninas deveriam também estar sendo submetidas a horrores semelhantes; estariam certamente enjauladas em algum daqueles ambientes fétidos e imundos.

Foi então que, numa das manhãs em que eu fui mais uma vez conduzido à sala de torturas, algo surpreendente ocorreu. Eu havia passado uma noite inteira em claro, com dores estomacais fortes e uma tosse seguida de sangramento, em virtude de um espancamento continuado na região do estômago.

Ocorreu, porém, que, depois de me pendurarem de cabeça para baixo, ao me içarem a certa altura, a corda presa aos meus pés se rompeu e eu fui direto ao chão. Bati tão fortemente o crânio, que senti algo se rompendo no meu pescoço. Ouvi mesmo um tipo de estalo muito diferente.

Sem que eu pudesse explicar, de súbito tudo pareceu girar em velocidade acentuada diante de mim para, em seguida, as cenas mais importantes da minha vida desfilarem rapidamente diante dos meus olhos. Tinham um tal grau de nitidez e realismo que tive a impressão de vivê-las novamente naquele curto período de tempo. As dores insuportáveis pelo corpo foram desaparecendo como que por encanto. Depois, passei a ver o meu corpo estirado no piso, com a cabeça completamente voltada para trás, e um dos sacerdotes apresentar-se irritadíssimo com o carrasco por conta do erro cometido.

Intuitivamente, uma força incontrolável pareceu surgir em mim dando-me uma única certeza: aquilo que eu experimentava era a morte. Questionamentos vários assaltavam-me num verdadeiro turbilhão: "se estou realmente morto, como posso ver o que acontece ao meu redor com tamanha riqueza de detalhes"?

Constatava, ainda, um outro aspecto interessante e muito particular: eu continuava ouvindo, mas agora de uma maneira um tanto diferente. O som das vozes, ou mesmo os gritos dos torturados, chegavam aos meus ouvidos um pouco antes de serem pronunciados. Era como se eu captasse mentalmente o que era dito antes mesmo de a pessoa articular as palavras.

Imediatamente veio à tona a recordação dos sermões do Padre Luca a respeito do céu e do inferno. Na minha infeliz situação, tinha certeza absoluta de que não merecia o céu. Assim, talvez aquilo pudesse ser o inferno, cujo castigo seria ficar observando a existência das pessoas sem conseguir participar delas ou tomar qualquer atitude.

- Mas se isso é o inferno - pensava -, onde estão os demônios e o chefe deles, além das famosas labaredas que viriam me consumir eternamente? Será que estou de fato morto ou que vivo mais um dos tantos processos de tortura a ponto de ter me levado à completa loucura? Pode ser isso... Ou, talvez, eu ainda esteja delirando em função de uma febre altíssima, que pode ter me atacado ferozmente. Quem sabe eu sequer tenha saído da minha cela pelo estado miserável em que eu me encontrava?

Contudo, algo me dizia que aquelas cenas diante de mim eram reais. O meu corpo, sem vida, tendo o pescoço quebrado, parecia mesmo endossar esse meu novo quadro.

Algumas outras perguntas surgiram:

- Por que, então, a morte não me colocou em sono profundo tirando-me a consciência? Sendo eu um indivíduo comum, não deveria receber um tratamento qualquer? Será que as orientações que recebíamos do pároco estavam distorcidas da realidade?

Sentindo-me leve em termos de movimentação, decidi que experimentaria fazer alguma coisa para comprovar o que de fato poderia estar acontecendo comigo. Assim, movimentando-me na direção dos três clérigos, que estavam confortavelmente sentados para assistirem às sessões macabras com as quais pareciam se deliciar, me dirigi especificamente a um deles, dos três o mais frio.

Chamei-o de demônio enrustido em corpo de padre, ao que fui solenemente ignorado. Na verdade, sequer fui ouvido. Decidi, então, investir no segundo, que procedeu de maneira idêntica. Até que, fazendo o mesmo com o último, este procurou identificar, sem sucesso, de onde vinham aquelas palavras acusatórias que eu lhe dirigia, posto que eu o tratava, tal como ao primeiro, como um demônio disfarçado.

Ora, isso comprovava, para mim, que de alguma maneira a minha consciência continuava viva; aliás, analisando-me como um todo, constatava que o meu corpo era praticamente uma cópia, porém mais sutil, daquele que eu havia deixado. Mantinha, inclusive, algumas marcas dos traumas mais consideráveis que tinha sofrido, bem como as vestimentas, as quais se encontravam em frangalhos. Elas, pois, me envolviam da mesma forma. Imediatamente ocorreu-me a classificação: na verdade, eu não passava de um fantasma!

Diante dessa constatação, sentei-me a um canto daquele ambiente hostil e lúgubre, perdendo a noção do tempo em que fiquei chorando amargamente.

CAPÍTULO 11

INÉDITAS CONSTATAÇÕES

Apesar de não entender exatamente o que se passava comigo, tão logo controlei, na medida do possível, as sensações e os sentimentos, percebi que a necessidade de encontrar a Luna e as meninas passou a ser meu único objetivo, aquilo que me levaria a sair daquele ambiente de atrocidades.

É certo que, na minha compreensão limitada, eu esperava que algum clérigo, carcereiro ou torturador abrisse a pesada porta de entrada, não considerando, portanto, que a porta não era barreira para mim naquele instante. Em todo caso, tão logo isso ocorreu, passei rente a um deles, exatamente o carcereiro que trazia mais uma vítima para a sessão de tortura, e saí daquela masmorra.

Não sei exatamente quanto tempo andei por aqueles corredores escuros e fétidos na esperança de encontrar a Luna e as meninas. Fiquei vagando de um lado para o outro sem ter qualquer noção por onde começar. Foi assim praticamente o dia todo. Vagava enfrentando os gritos lancinantes que ouvia daquela sala maldita, onde a insensatez e a crueldade de determinadas pessoas as locupletavam.

Ao cair da tarde, os clérigos se preparavam para se retirar. Foi então que saí na companhia deles para o pátio externo do complexo prisional. Lá a movimentação de pessoas era maior. Também se deu uma ocorrência que considerei importante para a minha locomoção.

Ao analisar o local, ali, na área externa, notei uma pequena passagem no outro lado da edificação, com uma porta de metal a qual, na ocasião, estava semiaberta. Não resistindo à ansiedade de tentar encontrar a minha família, fui em direção àquela entrada exatamente quando um indivíduo mal aparentado passava por ela. Entre a sua movimentação e o fechamento da porta, fui surpreendido por um fato comum, mas, naquele momento, surpreendente e de suma importância para mim. Eis que, não conseguindo me desviar do sujeito, passei literalmente por ele. E mais: quando a porta foi fechada atrás de si, ela também não me ofereceu qualquer empecilho à passagem.

Num primeiro instante assustei-me com a situação inusitada, porque a ocorrência confirmava o meu estado de morto ou, então, de verdadeiro fantasma, já que as barreiras conhecidas quando do meu estado no corpo de carne agora não mais ofereceriam para mim qualquer resistência.

Novamente precisei empregar muita força de vontade para não desmoronar diante daquela constatação. Com efeito, a vida tal qual eu conhecia com a minha família estava literalmente terminada. Mesmo assim, precisando saber do paradeiro das minhas queridas esposa e filhas, coloquei-me decidido e embrenhei-me outra vez naquela construção.

A noite caía e, ainda assim, eu não encontrava qualquer dificuldade em caminhar naqueles ambientes lúgubres; nem mesmo a pouca ou nenhuma luminosidade me ofereciam qualquer empecilho. Assim, vasculhei cada canto da construção, mas somente encontrando mais pessoas enjauladas como animais, muitas delas em estado tão deplorável que se a morte as visitasse rapidamente seria para elas uma verdadeira bênção pela libertação que representaria.

Porém, se a chance de encontrar a minha família diminuía a cada instante, para o meu desespero, fui mais uma vez surpreendido por dois homens que andavam por um dos corredores. Assim que me viram, um deles perguntou:

- O que você faz aqui?

Precisei de certo tempo para responder, porque o evento me deixara pasmo. Aquele contato entre nós significava que eu estava também diante de fantasmas. Mas o sujeito me tirou da ensimesmação repetindo a mesma questão, ao que respondi:

– Procuro a minha família há muitas horas sem, contudo, alcançar sucesso...

Meu interlocutor aproximou-se um pouco mais e disse:

– Pelo que estou notando, você é novo por estas bandas. Deve ter saído da carcaça não faz muito tempo. Temos negócios a tratar por aqui também, porque tanto quanto você, minha esposa e a de meu amigo estão desaparecidas desde quando fomos feitos prisioneiros.

Sem muito saber o que fazer, achei melhor iniciar apresentando-me, estendendo-lhe a mão respeitosamente e informando o meu nome, no que fui devidamente correspondido por ambos, que fizeram o mesmo. Aquele que iniciou a conversa comigo chamava-se Murilo e o outro, Pablo. Trocamos informações durante um bom tempo, cada um de nós procurando sintetizar a sua história e o motivo pelo qual tínhamos ido parar naquele ambiente de miséria moral.

No caso específico dos dois homens, eles de fato continuavam a professar a crença milenar na qual haviam sido educados, contrastando, pois, com os interesses dos mandantes de plantão. Logo, foram presos e devidamente executados em curto espaço de tempo, tendo sido decretadas as suas mortes na fogueira. Apesar disso, curiosamente os dois se mostravam em melhor estado do que eu, que me encontrava tal qual um perfeito mendigo.

Apesar de essas impressões suscitarem delongas entre nós, partimos para a análise dos próximos passos que deveríamos dar para alcançarmos o nosso intento. Chegamos à conclusão de que precisaríamos ser mais efetivos no sentido de extrairmos de algo ou de alguém a informação que tanto necessitávamos. Mas tanto eles quanto eu não sabíamos como fazê-lo. Estávamos certos, apenas, de que, se não encontrássemos uma saída, o risco seria o de ficarmos vagando por aquele local indefinidamente.

CAPÍTULO 12

TALVEZ, O INFERNO...

Nossas poucas habilidades no terreno mental, tanto minhas quanto as dos meus outros dois companheiros, demonstravam que não alcançaríamos o sucesso desejado na empreitada de obtermos as informações necessárias relativas aos nossos familiares. De fato, vagávamos a esmo naquelas dependências sinistras, onde a dor se apresentava com características cada vez mais cruéis. Os dias se sucediam às noites e, por mais estranho que pudesse parecer, sempre acabávamos sendo atraídos para o local onde os pobres infelizes eram trancafiados ou torturados, dando, assim, continuidade aos nossos sofrimentos, posto que assistíamos o que se passava com eles, tal qual ocorrera conosco, sem que pudéssemos fazer coisa alguma.

Se, de um lado, não tínhamos condições de interferir naquela situação, de outro, aqueles espetáculos de terror a que assistíamos somente servia para estimular ainda mais o nosso ódio, não apenas para com aquelas pessoas cruéis que lá se encontravam, mas também contra os que haviam nos acusado.

No meu caso, pelo menos, intuitivamente, eu tinha plena certeza de que todas aquelas ocorrências estavam sob a responsabilidade direta do Ruan e dos seus malditos acompanhantes. Contudo, em relação ao Murilo e ao Pablo, eles sequer imaginavam quem eram os seus acusadores. Suspeitavam, tanto quanto eu, que o pouco que possuíamos já deveria estar nas mãos dos mandantes, sendo que parte do quinhão deveria estar sendo repassado para aqueles que se prestavam ao serviço inferior da delação visando apenas a obterem vantagens imediatas.

Eram de fato tempos difíceis para a maioria das pessoas que, semelhante a nós, vivia do suor do trabalho, sem os privilégios da nobreza ou do clero. No fim, servíamos de repasto para as aves de rapina, que não somente nos espoliavam naquilo que produzíamos, mas também, e acima de qualquer coisa, procuravam, com o escudo baseado em conceitos religiosos falseados por eles mesmos, dar continuidade aos seus altos padrões de vida. Tomavam, pois, o que era nosso para se recapitalizarem, até porque tanto os soberanos quanto aqueles que os sustentavam no poder naquele período negro da história estavam perto da falência ou já de há muito completamente falidos.

Este tipo de constatação se dava de forma gradativa, através do que ouvíamos entre alguns prisioneiros em suas celas ou na sala de tortura. Juntando uma informação à outra, chegávamos às terríveis deduções, o que aumentava ainda mais o ódio que nutríamos contra os carrascos, os mandantes e os acusadores, fossem eles quem fossem.

Com isso, a impressão que passou a me assaltar era a de que eu me tornava um verdadeiro prisioneiro, agora não mais do corpo, mas sim dos meus sentimentos completamente aviltados.

Aos poucos, mais algumas daquelas infelizes criaturas que morriam por não resistirem às torturas foram se juntando ao nosso grupo. Agora ele se constituía de um magote de esfarrapados sem eira nem beira, muitos completamente ignorantes do que se passava com eles próprios, desfilando pelos corredores ou nos seguindo como se fossem mortos vivos.

Diante de todo o espetáculo macabro a que eu assistia ou que permanecia nas minhas lembranças, começavam a fazer sentido as informações relativas ao inferno, não aquele com as labaredas queimando os seres pela eternidade, mas sim o da manutenção dos quadros que se repetiam incessantemente. No meu caso, via-me, com regularidade espantosa, sendo preso e separado da esposa e filhas, sentia os mecanismos todos da tortura, além do suplício de ficar vagando por aquele local onde a miserabilidade moral se materializava a todo instante.

Um pouco de refrigério acontecia quando, completamente esgotados de circular naquele edifício, sentávamos todos juntos, praticamente colados uns aos outros, e um sono anestésico tomava conta daquilo que poderia ser o nosso corpo depois da morte. Em alguns instantes, breves mesmo, sonhava com alguém que me lembrava muito a figura do Padre Luca, que procurava me orientar sobre as condições odientas em que eu me mantinha bem como sobre o tempo que estava sendo despendido. Destacava, então, o fato de que a manutenção daquele estado doentio se constituía na prisão verdadeira, para cuja libertação eu precisaria me esforçar no exercício do perdão.

Logo eu despertava em sobressalto, constatando a dura realidade de continuar no mesmo ambiente. Isso, com efeito, recrudescia em mim o desejo de me vingar daquele trio de crápulas que me infelicitara a existência. Algo no meu íntimo me dizia que haveria a possibilidade de reencontrá-los em algum momento. Exatamente por isso, procurava me estimular no sentido de que um dia eles me pagariam até o último ceitil por aquela dor e sofrimentos que haviam me proporcionado.

CAPÍTULO 13

TEMPO IGNORADO

Pouco importava para o nosso grupo a medida do tempo, pois, ao estarmos enclausurados naquela edificação de horrores sem fim, esse fator era simplesmente relegado ao abandono. Nossos objetivos centravam-se em extrair daqueles clérigos alguma informação envolvendo as nossas famílias, principalmente eu, o Murilo e o Pablo, que nos encontrávamos mais conscientes. Contudo, fosse dia ou noite, não alcançávamos qualquer resultado satisfatório.

Quando nos aproximávamos de alguns dos mandantes em seu estado de vigília, não conseguíamos nos sintonizar, porque a relação para conosco é como se de fato não existíssemos depois da morte física. Muito tempo depois é que pude compreender que a posição mental limitante e autoimposta em relação à comunicação com a alma daqueles que se foram fazia com que o bloqueio se operasse de maneira assim tão drástica.

Se era assim durante o dia, ficava pior a noite, quando alguns deles saíam dos seus corpos durante o repouso. Caso registrassem a nossa presença, tratavam-nos como se fôssemos demônios a lhes desviar dos seus intentos, considerados por eles em defesa da fé.

O único que eu consegui acessar brevemente foi o mesmo clérigo que tinha, no local de torturas no dia do meu passamento, registrado, de certa forma, parte das minhas palavras. Mas, infelizmente, também dele não consegui retirar coisa alguma do meu interesse. Indagando-o a respeito do paradeiro dos meus familiares bem como daqueles meus dois companheiros mais lúcidos, recebi como resposta apenas uma pequena e sintética frase:

– Eu não sei onde se encontram!

Por mais que insistisse, logo fui mentalmente repelido com uma ladainha sem fim, por meio da qual o clérigo procurava se desvencilhar do provável demônio a lhe tirar satisfação.

Enfim, tudo o que presenciávamos, bem como as nossas tentativas infrutíferas para obtermos qualquer informação, se tornavam, tanto para mim quanto para os meus dois amigos de desdita, um pesadelo sem fim, engrossando ainda mais o nosso inferno particular.

Passado um longo tempo, que eu simplesmente não conseguia mais estimar em meses ou anos, aconteceu algo diferente. Em uma das tantas tentativas frustradas, empreendida desta vez pelo Pablo, este buscou acessar mentalmente um dos carrascos com respeito à situação de sua esposa. Pablo se desesperou de tal forma que, chegando à exaustão, deixou-se vencer por lágrimas abundantes postando-se de joelhos. Bradou então:

– Senhor, por misericórdia, se de fato o Senhor existe, dá-nos, o mínimo que seja, a esperança de sairmos desta tortura sem fim, deste inferno que se consiste na ignorância a respeito da nossa própria situação. Apieda-te da nossa infelicidade em nome do Nosso Senhor e Mestre Jesus!

Ele mal terminou a sua frase, quando foi se formando diante de nós, para o nosso espanto, uma figura que tomamos de imediato como um fantasma ou, talvez, como o próprio demônio travestido. No entanto, aos poucos ela foi me parecendo conhecida, logo depois confirmando tratar-se do Padre Luca. Ou seria aquilo apenas fruto da minha imaginação?

Não era fantasia. De fato, era o Padre Luca que, visando a não causar maiores transtornos, provavelmente por constatar o nosso assombro, se manteve à certa distância. Procurando alterar aquele quadro eivado de surpresa, dirigiu-se a nós dizendo:

– Que a paz do Nosso Divino Mestre nos abençoe a todos! Peço que nada temam com a minha presença, pois não se trata de manifestação demoníaca ou de qualquer outro embuste. Sou apenas um simples servidor do Nosso Senhor; venho atendê-los em tuas súplicas.

Somente não o tinha feito até este momento, porque a manutenção excessiva do ódio em cada um de vocês, meus filhos, não permitia a minha aproximação ou a de outros dos nossos irmãos que como eu também fizeram as suas tentativas. Vale lembrar que tão logo nos abramos com sinceridade à assistência do Senhor, percebemos que ela sempre esteve presente. Nesse sentido, a nossa decisão de continuarmos no mesmo padrão mental de sintonia com o ódio não permite o auxílio direto, porque, antes de qualquer coisa, a nossa liberdade é profundamente respeitada pelo Criador, até porque aí também imperam as Suas leis de justiça, segundo a qual a cada um de nós é dado de acordo com as suas obras, conforme nos ensinou Jesus.

Mas agora encontro-me aqui para servi-los. Caso estejam de acordo, ofereço-lhes a liberdade deste local de profunda ignorância da verdade, onde o desrespeito para com as leis de amor do Magnânimo é literalmente aplicado.

Pablo foi o primeiro a estender-lhe a mão, seguido por todo o grupo de alienados, o qual, por um breve instante, me pareceu recuperar certo grau de lucidez. Por nossa vez, eu e o Murilo continuávamos em posição de salvaguarda.

Então, Padre Luca, olhando-me com bondade, ou talvez algo disfarçado, segundo as minhas prevenções, perguntou:

– E você, Jayme, meu filho, e também o nosso Murilo, não estão dispostos a virem conosco?

Fui eu que me adiantei na resposta, tendo intuitivamente a certeza de que poderia expressar por nós dois.

– Não posso; aliás, não quero, porque é necessário que eu encontre os culpados por essa desgraça que se abateu sobre a minha vida e a da minha família. Prefiro o inferno em que me encontro a deixar os crápulas em paz, mantendo a certeza no meu coração de que um dia sairei deste ambiente de iniquidades e encontrarei os responsáveis. Quando isso acontecer, saberei aplicar-lhes as lições justas por aquilo que me proporcionaram.

O Padre procurou contra-argumentar:

– Meu filho, o ódio e a vingança são frutos amargos que nos prendem ao passado, apresentando-nos a conta do tempo perdido e nos isolando daqueles que nos querem bem e trabalham pelo nosso sucesso. Com efeito, eles nos amam profundamente, mas continuarão sendo isolados de nós pela nossa posição doentia, por nos mantermos presos a esses sentimentos aviltantes.

Já se passou cerca de trinta anos dos tristes episódios que os vitimaram, tanto a você quanto ao nosso Murilo. Assim, aqueles que vocês procuram sem sucesso já se encontram conosco e aguardam por vocês.

Não sei o que se passou comigo naquele instante. Deixei-me envolver fortemente pelo ódio que nutria disparando contra o padre todo o meu desejo de vingança:

– Você mente igual os outros clérigos que aqui se encontram, seu demônio travestido! Vem arrebanhar com palavras doces os mais incautos, usando, para isso, informações criadas. Se Luna e as meninas estivessem bem, porque não vieram com você, maldito? Some da minha frente, embusteiro vulgar! No mínimo você deve estar associado com aqueles que me infelicitaram a vida, procurando minimizar os meus futuros atos de vingança.

Dizendo isso, fui me retirando daquele local seguido de perto por Murilo que, cuspindo para o lado, completou:

– Fez você muito bem em falar por nós dois. Que se danem os ludibriados e que fiquem do lado deste mensageiro de Belzebu com essa conversinha de santidade! No fim, ele enverga uma batina como os outros crápulas que nos puseram nesta situação de profunda miséria. São todos iguais! Os tolos que vão acompanhá-los não percebem que estão sendo mais uma vez enganados. Eles falam de Deus e de Jesus e, com isso, nos levaram à tortura ou à fogueira para nos desapropriar do pouco que possuíamos. Não passam de canalhas imorais!

Procuramos não olhar para trás, ignorando a movimentação que se fazia para a retirada do Pablo e das demais pessoas que decidiram acompanhar aquele sujeito. Este, para mim, não passava realmente de mais um que viera com a tentativa firme de me ludibriar.

CAPÍTULO 14

ESTRANHA PROPOSTA

Tanto eu quanto Murilo demos continuidade às nossas buscas rotineiras, sendo, porém, ignorados tanto pelos antigos quanto pelos novos elementos que se prestavam ao dito serviço em nome de Deus. Esse trabalho, aliás, recrudescia a cada dia, com a criação de novos mecanismos de torturas e com crueldades variadas.

Já fazia algum tempo desde a estranha visita do tal padre e do desaparecimento do Pablo com o grupo que nos acompanhava, quando um sujeito, com ares sombrios, apareceu naquele ambiente tétrico em que vagávamos. Tratava-se, evidentemente, de um "fora do corpo" como nós. Ao nos ver, não se surpreendeu; antes, procurou saber como estávamos. Como não fazíamos a mínima ideia de quem se tratava, foi o Murilo que respondeu com um breve "estamos bem".

A figura não se contentou com a resposta e logo vaticinou:

– Desculpem-me a franqueza, mas não é o que me parece. Não querendo me imiscuir em tuas vidas, noto que ambos não podem estar tão bem assim, estando mantidos mentalmente prisioneiros deste local.

Achei arrogante o juízo rápido que o desconhecido fazia a nosso respeito. Resolvi, então, entrar no diálogo questionando:

– Quem o senhor pensa que é ocupando o nosso espaço e se posicionando como uma espécie de juiz?

Ele não se intimidou diante da minha indignação e, com um meio sorriso estampado nos lábios, disse sereno:

– Tenha calma, meu bom homem, porque sou apenas alguém procurando fazer aliados. Posso lhes apresentar uma oferta que poderá ser de grande interesse para ambos.

– Oferta? Não estamos interessados em oferta alguma, senhor! – respondi irritado.

Todavia, o estranho, dando continuidade à sua fala mansa, procedeu como se não tivesse me escutado:

– Caso tenham interesse, posso auxiliá-los no processo de liberação deste covil de lobos sanguinários. Podem, também, participar do projeto de vingança contra quem vocês tenham interesse de justiçar.

Murilo literalmente arregalou os olhos diante do que ouvia e adiantou-se interessado:

– Peço que o senhor desculpe essa nossa atitude inicial de defesa, mas é porque estamos fartos de tanta mentira e enganação...

– Posso entender, senhor...

– Chamo-me Murilo e o meu amigo de desdita, Jayme.

Confesso que fiquei surpreso com a atitude um tanto servil do Murilo. Contudo, como não tinha nada a perder com aquela conversa, decidi que ouviria a mencionada proposta.

O sujeito, ajeitando o manto escuro, tão bizarro quanto ele próprio, que lhe cobria o corpo chegando até os pés, apresentou-se:

– Meu nome é Lopes; porém, sou mais conhecido por um dos significados desse nome: Lobo. Sou um "caçador" de mentes culpadas. Tenho um séquito razoável de gente que foi aviltada como vocês e que procura se vingar dos seus desafetos. Trabalhamos em associação, por meio da qual somos reais colaboradores uns dos outros. Procedendo dessa maneira, o sucesso na empreitada é garantido!

Intuitivamente uma dúvida me assaltava. Parecia haver alguma coisa encoberta naquela oferta. Por que o interesse daquele sujeito por nós, dois verdadeiros párias?

Ele pareceu auscultar os meus mais íntimos pensamentos e, virando-se para mim, disse:

– Não há o que temer, pois sou um indivíduo que também sofreu as injúrias da Inquisição. Mas hoje, liberto do meu claustro mental, procuro auxiliar aqueles que foram ou que estão sendo prejudicados por esses lobos em pele de cordeiro.

Apesar de valorizar as questões relativas à liberdade e poder ir atrás do crápula do Ruan e dos seus malditos acompanhantes, sentia no meu íntimo que um Lobo apenas falava de outros da mesma espécie. Pensando assim, interferi dizendo:

– Precisamos de um tempo para pensar na tua proposta, senhor Lopes ou Lobo, como preferir. Sugiro que o senhor retorne amanhã, quando lhe daremos a nossa resposta.

Ele me olhou um tanto desapontado e ao mesmo tempo contrariado. Contudo, procurando manter a classe, respondeu calmamente:

– Está bem, verei o que posso fazer. Não posso garantir que eu retorne, porque tenho muitos compromissos, todos à minha espera. De todo modo, até breve ou adeus!

Virou-se e saiu rápido do local, enquanto o Murilo me dirigia um olhar de espanto e dúvida. Tão logo o tal do Lopes saiu, meu amigo disparou:

– Acho que você perdeu completamente o juízo, Jayme! O que tínhamos a perder com a oferta de libertação deste ambiente de horror?

– Não sei, Murilo, mas algo muito bizarro parece rondar aquele sujeito... Ele surge sem mais nem menos e nos oferece não apenas a possibilidade de nos libertar, mas também de se envolver nos nossos casos.

– Mas ele disse que se trata de um projeto de associação. Da nossa parte, não temos nada. Por que não tentarmos então? Caso não cheguemos a lugar algum, pelo menos estaremos em liberdade.

– Murilo, sou desconfiado desses sujeitos de fala mansa e de ofertas gratuitas. Você sabe, nada é de graça na vida; todas as conquistas dependem de esforço continuado, pelo menos foi assim que aprendi com os meus pais.

– Jayme, sendo muito sincero com você, caso o tal do Lopes retorne, irei com ele. Sinto se vou abandoná-lo; porém, preciso no mínimo saber do paradeiro da minha família.

– Está bem, Murilo. Peço que me deixe pensar um pouco mais...

CAPÍTULO 15

DE UM INFERNO PARA OUTRO

Era extremamente óbvio que o Lopes montara uma estratégia para retornar, depois de um largo tempo, ao edifício onde nos encontrávamos mentalmente prisioneiros. Somente mais tarde é que pude perceber que o astuto Lobo aguardava que nossas energias chegassem à exaustão para se apresentar como um verdadeiro salvador. Isso ocorreria um ano ou um pouco mais depois da sua primeira visita.

Chegou ele com as suas maneiras e falas mansas, o que, para mim, soavam completamente falsas. No entanto, como não sabíamos a maneira de nos desvencilharmos daquele local insano, o melhor que nos pareceu fazer era aceitarmos o seu auxílio.

Depois das saudações iniciais, ele orientou:

– A prisão em que vocês se enclausuraram, na realidade, não existe. É fruto de um processo auto-hipnótico em que, por meio de um comando mental, suas próprias energias magnéticas constroem o lugar. Trata-se de uma criação real em forma de redoma, cujas ligações ficam vinculadas não apenas às mentes que aqui operam, mas também às energias impregnadas em todo o ambiente, incluindo paredes e objetos, principalmente aqueles utilizados para as torturas.

Eu não estava entendendo praticamente coisa alguma do que o sujeito descrevia, pois nunca tinha ouvido falar, na igreja, de algo parecido. Caso esse tipo de conversa fosse de natureza pública, creio eu que seria mais que o suficiente para o indivíduo ser acusado de feitiçaria.

Murilo olhava-me interrogativo. Então, o Lopes, certificando-se da nossa total ignorância no assunto, continuou:

– Vou lhes aplicar energias ao redor do corpo para que possamos abrir brechas neste enclausuramento autoimposto. Peço que deitem no piso e mantenham a mente serena, fechando os olhos, procurando apenas se concentrarem numa operação semelhante: a quebra de uma casca de noz.

Fiz conforme foi orientado. Enquanto percebia que as mãos do Lopes passavam longitudinalmente a certa distância do meu corpo, tive a impressão de que algo se rompia de fato, como se fissuras numa casca grosseira estivessem sendo abertas.

Não sei o tempo que ele despendeu, tanto em mim quanto em Murilo, naquela operação. O fato é que, em determinado instante, adormeci profundamente, tal como se tivesse ingerido um sonífero extremamente potente.

Fui despertado num sobressalto, com um estalar de dedos e um comando firme de voz dado por ele. Olhei ao redor um tanto assustado. Era como se, em algum momento, eu tivesse sido retirado daquele local de suplícios e transferido para uma região não menos estranha. Lá, pude notar, de relance, pessoas que me pareceram prisioneiras, somente em condições diferentes daquela em que eu e o meu companheiro nos encontrávamos.

Também notei que o Lopes demonstrava certa fraqueza e um suor abundante na face, dando-me a impressão de que empreendera grande esforço. Não demorei para a constatação, porque ele, virando-se para nós, informou:

– Vocês realmente estavam enclausurados muito acima do normal, num processo mental limitadíssimo!

Em seguida, alterou o tom de voz passando para o de um verdadeiro comandante. E ordenou:

– Vamo-nos daqui!

Quando lhe perguntei para onde iríamos exatamente, ele me respondeu com muita irritação:

– Você pergunta demais para quem acaba de ser libertado. A partir de agora, limite-se a observar, entendeu bem?

Encerrou a frase e virou-se na direção do corredor que nos levava à porta que dava para o pátio externo. De lá, passamos para o pesado portão que dava acesso à rua, barreira essa que tanto eu quanto o Murilo nunca tínhamos conseguido ultrapassar.

Ao hesitarmos, ele ordenou:

– Vamos, covardes! As paredes e portas não significam coisa alguma, a não ser para as mentes ignorantes e limitadas como as de vocês.

Achei por bem fechar os olhos e avançar. Quando eu os abri, estava no lado externo, onde uma turba de esfarrapados como nós, alguns completamente alienados, nos aguardava.

Lopes, olhando firme na direção dos aglomerados, fez com que estes se aproximassem de si rapidamente, ao que o fizeram, porém, demonstrando certo grau de receio. Em seguida receberam a ordem:

– Andando, seus imbecis, temos muito que fazer!

Eu, que me encontrava mais próximo dele, perguntei:

– Andando para onde? Fazer o quê?

Como resposta imediata, recebi um soco tão violento no rosto que me lançou ao chão, fazendo com que, por alguns segundos, eu perdesse a consciência.

Quando voltei a mim, estava sendo amparado pelo Murilo e outro sujeito da turba, o qual me disse em voz quase inaudível:

– Não se questiona as ordens do Lobo sem que o custo não seja alto. Obedece calado para o teu próprio bem!

Colocamo-nos na caminhada tendo à frente do séquito o Lobo e dois asseclas, os quais se postavam como verdadeiros guarda-costas.

Olhei para o Murilo, que me pareceu falar mentalmente. Em síntese, dizia-me que muito provavelmente tínhamos saído de um inferno para entrar em outro.

CAPÍTULO 16

CRIATURAS DOENTIAS

Rapidamente aprendi a me manter com a boca fechada. Com efeito, assim que me recuperei de todo daquele golpe de violência, disse para o membro do grupo que me ajudou, junto com o Murilo, a me levantar e me recompor:

– Acho que o desrespeito entre vocês é demais. Assim que puder, procurarei o meu caminho.

Murilo interveio, procurando amenizar o que eu dissera na frente do desconhecido com a observação:

– Acalme-se e reconsidere a sua posição, pois, apesar do ocorrido, o Lobo nos retirou daquele local de iniquidades. Perceba que muitos de nós encontram-se em condições conscienciais comprometidas; então, o nosso líder precisa valer-se da disciplina.

Para quem parecia pensar de forma muito parecida com a minha em relação ao imbróglio no qual havíamos nos metido, percebi a intenção do amigo em relação ao sujeito que me auxiliara. Continuamos, então, caminhando em silêncio, apesar do meu orgulho ferido pelo tratamento que me fora dispensado pelo Lobo. Mas o nosso acompanhante logo saiu da nossa presença, colocando-se mais à dianteira.

Tão logo alcançamos as cercanias da cidade, subitamente foi-nos dada uma ordem para pararmos.

O Lobo veio até onde eu e o Murilo estávamos, tendo ao seu lado os dois brutamontes como seus guarda-costas. Vaticinou então:

– Sinto que os dois, ou talvez você especialmente, Jayme, estão com intenções claras de desertar das minhas fileiras. Assim, vou aplicar em vocês a terapia reservada para casos dessa natureza.

Percebi nesse instante que tinha sido delatado por aquele sujeito que se fizera de assistente quando eu fora subitamente espancado. Com efeito, agora eu estava numa situação muito delicada.

Procurando defender-me como pudia, porque, como um ser humano normal, fui invadido pelo receio que se apoderou de mim depois de tudo o que havia experimentado até então, repliquei:

– Na verdade, num primeiro momento, ideias desse tipo são possíveis; mas posso afirmar-lhe que estou convicto da tua liderança.

Ele me ignorou por completo e ordenou:

– Coloque-o em correntes!

Apesar dos meus protestos, logo me vi numa condição humilhante, aquela reservada aos mais perigosos prisioneiros, acorrentado de mãos e pés, sendo obrigado a contar com o auxílio do Murilo para continuar caminhando. Por sorte, o que o meu companheiro de desdita dissera para mim, procurando amenizar minhas palavras em referência ao intuito de debandar, evitou a sua punição.

Logo percebemos que de modo algum poderíamos confiar em quem quer que fosse, uma vez que o terror que o Lobo implantara naquelas mentes frágeis auxiliava-o no comando da turba, adquirindo uma fidelidade covarde por parte dos componentes.

Finalmente chegamos à frente de uma casa que distava razoavelmente da cidade. Também ficava às escondidas, dada a vegetação que se incumbia de camuflar cavalos e algumas pequenas carruagens. Tratava-se de uma casa de facilidades, onde o vinho corria solto alterando a mente dos homens que lá se encontravam praticando as mais diversas orgias com moças e algumas senhoras de meia-idade. Eram seres completamente infelizes, que se predispunham àquela condição deplorável.

Quando procuramos, tanto o Murilo quanto eu, nos afastar daquele circo de horrores, o próprio Lobo veio na nossa direção. Agarrando-me, inicialmente pelas correntes, e ordenando que o Murilo nos acompanhasse, praticamente me arrastou lançando-me próximo a um sofá onde uma senhora completamente embriagada encontrava-se próximo da inconsciência.

O Lobo, então, virando-se para nós, disse:

– Estão vendo esta miserável, que já demonstra aspectos da loucura?

Eu e Murilo acenamos com a cabeça em sinal positivo. O líder continuou:

– Trata-se de um dos meus desafetos. Também encontramos outros por aqui, pertencentes aos membros do meu séquito, aqueles que mantêm certo grau de lucidez e, dessa forma, buscam aplicar-lhes as medidas adequadas de justiça.

Esta infeliz me traiu na relação conjugal. Já outras que se encontram nesta situação desgraçada, algumas delas por dinheiro, não hesitaram em entregar vários dos meus soldados para a autoridade eclesiástica, que se valeu do braço inquisitorial para mandá-los em definitivo para o nosso lado. Temos trabalhado com afinco para puni-las convenientemente. Ao mesmo tempo, conseguimos nos locupletar com o vinho e as suas energias. Agora, vocês dois, observem e vejam se aprendem alguma coisa!

Dizendo isso, o Lobo aproximou-se daquela senhora que fora apontada como seu desafeto direto e impôs a sua destra na fronte da infeliz. Em muito pouco tempo, ela passou a gritar pedindo para que retirassem o demônio que estava à sua frente. Diante disso, Lobo, que produzia a cena, gargalhava estridentemente. Alguns dos frequentadores que estavam próximos também acharam graça no ocorrido, considerando o espetáculo como um fruto da embriaguez da mulher.

O líder da malta suspendeu a ação e, olhando para todo o seu séquito que assistia ao espetáculo, ordenou:

– Vamos beber e nos divertir!

Tanto eu quanto o meu amigo ficamos diante do Lobo observando aquelas ocorrências tétricas. Ele, através de rápidos movimentos com a mãos na direção do estômago da embriagada senhora, passou a retirar do seu interior uma substância cinza esbranquiçada, que nos pareciam vapores alcoólicos. Eram aspirados por ele como se fosse uma fumaça concentrada. Enquanto isso, os outros elementos do séquito literalmente se acoplavam aos corpos de certos homens e mulheres tendo participação ativa nas orgias por eles praticadas.

Eu e o Murilo, que nunca sequer imaginamos que aquilo tudo seria possível entre seres ditos humanos, procurávamos nos conter para não demonstrar o asco que nos envolvia.

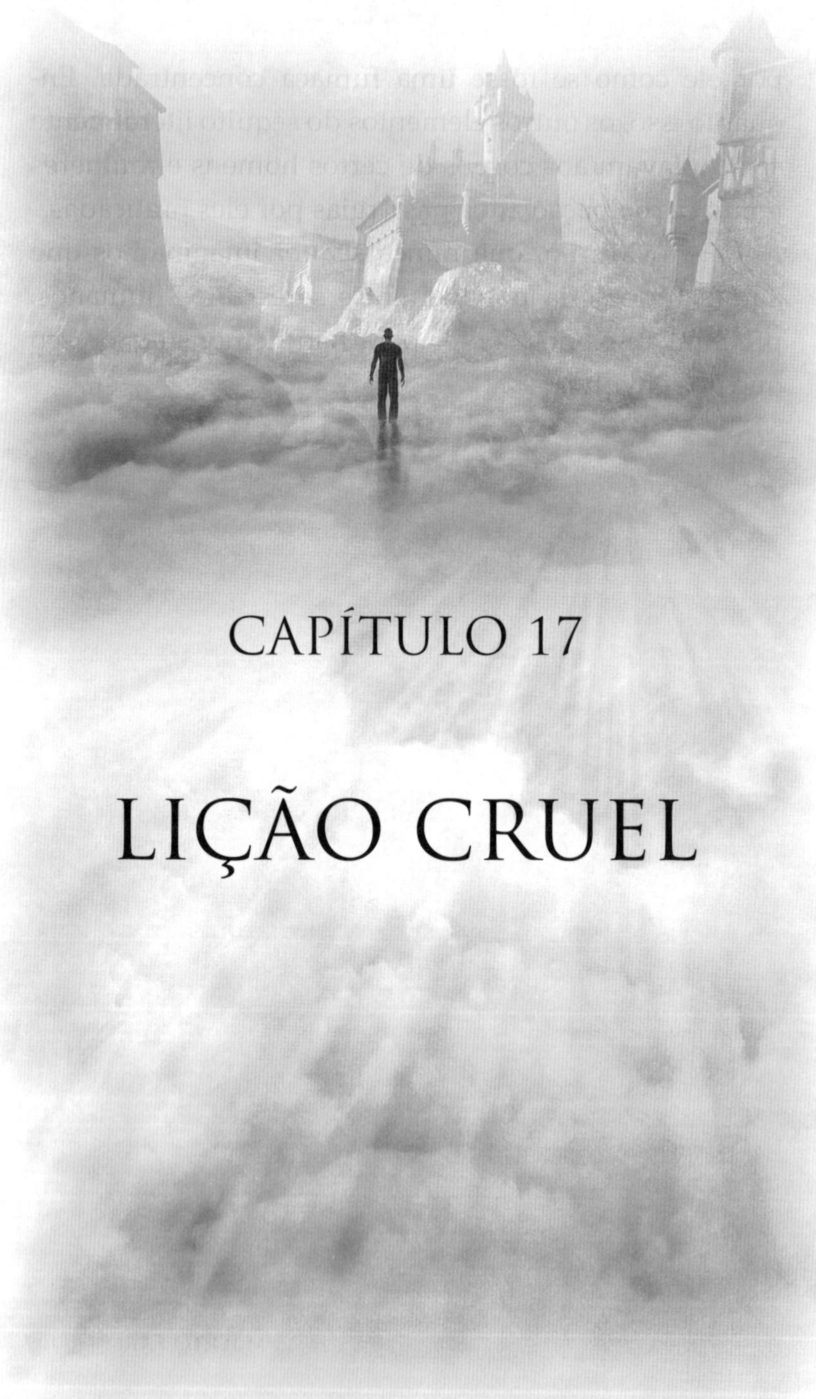

CAPÍTULO 17

LIÇÃO CRUEL

Assistíamos aquele festim infernal sem que pudéssemos fazer coisa alguma, eu por estar acorrentado como um animal, impossibilitado de me retirar do ambiente, e o Murilo por temer ser punido de forma semelhante à minha podendo até mesmo experimentar algo muito pior.

Horas depois que a turba se refestelou, encontrando-se anestesiada pelos efeitos dos eflúvios alcoólicos literalmente sugados como se fossem verdadeiros morcegos vampiros, tanto eles quanto o nosso líder trevoso, eu, dirigindo-me ao Murilo, propus:

– E se nós aproveitássemos esta oportunidade para fugirmos deste grupo de demônios?

– Jayme, você deve estar perdendo o juízo! Para onde iríamos com você acorrentado dessa maneira? Logo seríamos apanhados e sabe lá o que poderia nos esperar em matéria de castigos!

– Murilo, eu compreendo as tuas preocupações, mas fazer parte desse mercado macabro só vai nos trazer maiores dissabores. No final, saímos de uma prisão autoimposta para entrarmos em outra que, pelas amostras, poderá ser muito pior!

Se estamos mortos e nos tornamos verdadeiros espectros que vagam sem qualquer conhecimento ou direção, talvez fosse melhor que cuidássemos das nossas vidas desgraçadas do que continuarmos fazendo parte desse grupo de fantasmas das trevas.

Murilo de repente mudou de atitude, alertando-me:

– Cale-se! O Lobo está acordando...

O líder olhou-nos desconfiado e logo questionou:

– O que vocês estão cochichando?

Preferi adiantar-me na resposta, já que o meu amigo dava nítidas mostras de insegurança, o que poderia terminar por nos comprometer.

– Nada de importante... Falávamos da oportunidade que nos é oferecida de um dia também iniciarmos o nosso processo justiceiro com aqueles que nos prejudicaram.

O Lobo olhou-me de cima a baixo e alertou:

– Não pensem que sou estúpido para cair nesse tipo de conversa fiada. No entanto, fica como aviso: não tolero traição ou deserção de quem quer que seja! Qualquer tentativa desse tipo será punida com rigor ainda maior. Agora, comecem a trabalhar! Despertem o meu pessoal, porque eles já se divertiram além da conta por hoje.

Achei que uma boa oportunidade surgira em relação à minha condição. Assim, solicitei:

– Você poderia tirar essas correntes que me prendem para que eu possa me mover mais rapidamente? Do jeito que estou, muito pouco posso fazer...

O líder olhou-me de maneira estranha e, aproximando-se lentamente, falou:

– Depois que você ajudar o teu amiguinho no serviço que acabei de ordenar, verei o que eu posso fazer.

Achei melhor não insistir. Da maneira, então, que me era possível, ajudei o Murilo a despertar aquele bando de infelizes do estado de completa inanição em que se encontravam.

Com muita dificuldade conseguíamos retirar os indivíduos daquela letargia. Tão logo despertamos os últimos, o nosso líder se aproximou de um dos seus guarda-costas dizendo:

– Esses dois imbecis acham que podem tramar uma fuga debaixo do meu nariz.

Virou-se para a nossa direção e disparou:

– Tolos! Eu ouvi o que vocês estavam conversando enquanto fingia estar dormindo. Como estou com o meu humor muito pouco alterado, mandarei supliciá-los com apenas vinte chibatadas para cada um. Vocês aprenderão por bem ou por mal a obedecerem às minhas ordens sem qualquer contestação e sem, é claro, manifestar qualquer desejo de fuga das minhas fileiras.

A turba quase chegou à loucura pela exaltação que os envolveu, quando ouviu a ordem de execução dada pelo Lobo. Apesar dos nossos veementes protestos, fomos levados para fora daquele ambiente de horrores e lançados primeiramente ao chão por meio de pancadas aplicadas pelos dois brutamontes que se encarregavam da segurança do líder. Em seguida, fomos supliciados diante de todos, que se deliciavam com o nosso sofrimento produzindo, assim, uma verdadeira algazarra.

CAPÍTULO 18

MERCADORIAS HUMANAS

Naquela situação, eu mais uma vez me via sendo submetido ao grau máximo da humilhação. Na minha mente, os quadros se recrudesciam cada vez mais, vindo desde quando os crápulas travestidos de sacerdotes haviam me proporcionado todos os tipos de flagelos pelas mãos dos seus executores, procurando extrair de mim algo que jamais fora verdade.

O Murilo, tendo sido flagelado por um outro guarda-costas do Lobo, um que tinha uma compleição mais avantajada do que aquele que se encarregara de mim, não resistiu da mesma maneira que eu e acabou perdendo a consciência.

Num misto de humilhação e desespero, com a dor implantada por todas as partes do corpo, recordava-me dos meus pais. Apesar dos tempos difíceis em que vivíamos, em que o processo educacional incluía a agressão de natureza física e verbal, não em todas, porém, em grande parte das famílias, eu, por sorte ou merecimento, nunca tinha presenciado ou experienciado qualquer ato que viesse a me lesar física ou moralmente. Papai era dono de um procedimento corretíssimo. Seu posicionamento era por nós todos extremamente respeitado desde crianças, e isso em função da sua autoridade moral e não por conta de qualquer ameaça por parte dele.

Agora, ali naquela situação, eu me perguntava:

– Quem é esse sujeito que se ofereceu como um bom samaritano, mas que, em muito pouco tempo, se transfigurou nesse carrasco impiedoso?

O Lobo, parecendo conhecer os mais profundos pensamentos daqueles que o acompanhavam, olhou-me significativamente dizendo:

– Tudo o que você passou e está passando você deve àqueles que te arruinaram a vida. Portanto, mantenha acesa a chama da vingança, a fim de lhes retribuir a dor, o sofrimento e a humilhação que lhe é imposta. E aprenda de uma vez por todas que me obedecer é o melhor para a tua existência infeliz de morto-vivo!

Somente muito mais tarde pude avaliar o quanto o Lobo sabia utilizar bem as palavras para alcançar seus objetivos. Sem dúvida ele era um grande articulador, porque, naquele instante, em que eu mal conseguia me manter em pé, as conclusões a que chegava estavam todas alinhadas à dele. Minhas energias estavam diretamente ligadas ao trio que me proporcionara todo o sofrimento, não apenas aqueles de natureza física, mas principalmente as de ordem moral. No final, isso só não era maior que o sofrimento de não saber do paradeiro da minha querida Luna e das minhas filhas.

Não sei de onde surgia em mim tamanho ódio pelo meu irmão primogênito, que deveria ser o sucessor de meu pai, se não nos negócios, pelo menos nos valores éticos. Mentalmente, jurei que o faria pagar caro pelas lágrimas, por cada gota de suor e sangue que eu tinha derramado numa querela movida por mera questão de dinheiro. Demorasse, pois, anos ou séculos, o certo é que a vingança seria, a partir daquele momento, o meu único objetivo, o destino da minha vida miserável.

Assim, sem ter qualquer noção, ou consciência mesmo, do que estava promovendo para mim naquele momento, selava com aquela atitude mental, e isso por séculos, um caminho eivado de espinhos, o qual me proporcionaria muito maior sofrimento do que aqueles experimentados durante as torturas.

Mas o que é o tempo para nós que somos imortais, senão um jogo em que podemos marcar as cartas pensando imaturamente em tirar alguma vantagem do nosso competidor?

O Lobo tirou-me dos meus devaneios sendo, desta vez, muito mais articulado do que eu poderia imaginar. Com tranquilidade na voz, ele disse:

– Como prova da minha confiança em você, Jayme, mandarei que retirem as tuas correntes. Contudo, nem pense em me trair, porque você não terá como pagar o preço que eu imporei.

Tão logo fui libertado, cambaleando fui socorrer o Murilo, que retomara a consciência. Todavia, apresentava-se ele numa tal miserabilidade que impressionava. Tratei-o com o que pude, atando-lhe as feridas, que eram maiores que as minhas, e ajeitando-lhe um pouco melhor no chão para que ele pudesse descansar.

Ficamos ainda alguns dias naquela casa de facilidades onde as sevícias continuaram em caráter constantes. Até que recebemos a ordem de nos colocarmos a caminho de volta para a cidade. Como a minha condição de fraqueza e a de Murilo eram ainda acentuadas, por ordem do nosso líder, fomos amparados, aliás, muito a contragosto, por quatro elementos da coluna, que se revezavam durante o percurso.

Dirigimo-nos para uma região elegante da imensa cidade que eu jamais sonhara pôr os pés, levando a vida de um simples camponês. Estacionamos diante de um palacete cuja entrada estava devidamente protegida por muros altos assemelhando-se a uma verdadeira fortaleza. A impressão que me causava era a de uma fortaleza dentro da outra, uma vez que as muralhas da cidade eram ainda mantidas em bom estado de conservação para a proteção dos seus moradores.

Ao entrarmos, fomos diretamente para o interior de uma sala, onde gente como nós, fantasmas em estado piorado, quando comparado ao nosso grupo, pareciam conhecer o Lobo de longa data. Receberam-no com festa; o líder daquela comunidade de esfarrapados de fato parecia ter grande admiração pelo Lobo por conta das deferências que lhe foram apresentadas.

Em determinado momento da conversa entre ambos, o que, aliás, se fazia na presença de todos, o anfitrião perguntou:

– Se não estou enganado, você tem elementos novos no teu exército, não? Quem são eles?

O nosso líder, com a empáfia ridícula de um conquistador barato, respondeu apontando-nos:

– Jayme e Murilo. Foram capturados recentemente nas edificações reservadas para os infelizes acusados pelo Tribunal, onde se encontravam completamente perdidos.

O Jayme, especificamente, tinha negócios a tratar com familiares; já o Murilo, esse mais tolo, deixou-se apanhar por continuar praticando a sua crença em desacordo com os mandantes de plantão. Bem, vou deixá-los a teu serviço pelo pagamento do que lhe devo quando me auxiliou na questão da megera que me traiu, mas que agora está experimentando o que merece naquela pocilga onde foi jogada.

O chefe daquela malta tão estranha quanto a nossa olhou-nos de cima abaixo. Virando-se, depois, para o Lobo, completou:

– Não precisava se incomodar; mas agradeço o teu presente. Temos muito o que fazer aqui com esse pessoal que invadiu o meu território; assim, eles serão muito úteis. Recursos são sempre bem-vindos!

Eu estava estupefato. Estávamos sendo tratados como mercadoria por aquele canalha que se posicionara como o nosso libertador. Utilizava-nos, agora, como pagamento por serviços prestados por aquele outro comandante das trevas.

Murilo, apesar da sua fraqueza, quis protestar; porém, antes que dissesse qualquer coisa, foi logo contido por mim, uma vez que o custo da sua ousadia seria extremamente alto diante do processo disciplinar utilizado por aquelas criaturas enfermas e sombrias. Estávamos, de fato, nas mãos de gente muito cruel e sem qualquer consciência dos seus semelhantes. O melhor que poderíamos fazer naquele estado era praticar a mais pura obediência.

O anfitrião aproximou-se de nós e, verificando o nosso estado, disse:

– Estão um tanto maltratados, mas servirão aos meus intentos.

Olhando em seguida para um dos seus subordinados, ordenou com um sorriso sarcástico:

– Coloque-os na sala de reflexões, para que eles possam se adaptar o mais rapidamente possível.

Entre gargalhadas, os dois líderes se despediram, enquanto eu e o Murilo éramos levados aos trancos em direção à entrada do subsolo da edificação.

CAPÍTULO 19

O INSTRUTOR

Perdemos a conta dos dias, das semanas em que ficamos presos naquele calabouço escuro, desprovido não só de higiene, mas também da luz do sol. Tentamos marcar o tempo em função das visitas que os carcereiros nos faziam para ver como nos encontrávamos, pois eles eram de uma regularidade impressionante.

Cedo desistimos, tanto eu quanto o Murilo, de tentar algum contato ou de receber qualquer tipo de informação possível do porquê de estarmos naquela situação esdrúxula, em virtude de as nossas solicitações serem solenemente ignoradas desde o princípio.

Quando nos encontrávamos próximo da exaustão, um dos carcereiros abriu a grade e ordenou que o acompanhássemos. Fomos seguindo-o, então, cambaleantes, procurando nos apoiar pelas paredes, até alcançarmos uma das pequenas portas de saída. Esta nos colocava diretamente num pátio, onde a claridade da manhã nos deixou ainda mais aturdidos até que a nossa visão se acomodasse com a luz natural.

Atravessamos o pátio imenso em direção à porta do palacete, mas verdadeiramente caminhando com extrema dificuldade; com efeito, a fraqueza levou-nos ao chão em diversas oportunidades.

Ao entrarmos na sala principal, aquela mesma onde fôramos disponibilizados como mercadoria em pagamento realizado pelo Lobo, vimos o anfitrião daquela nefasta ocorrência. Encontrava-se ele sentado por detrás de uma pesada mesa. Ao sinal de comando dirigido ao carcereiro, este nos fez cair de joelhos pela força que empreendeu sobre nós; era como se tivéssemos de reverenciar aquele homem tal como se fosse um santo.

Ele nos olhou com frieza e disse:

– Vejo que se encontram quase preparados para o serviço rotineiro que os aguarda. Mas é preciso que concluam o treinamento intensivo, o qual lhes será ministrado por um competente instrutor. De agora em diante, receberão as ordens dele. Qualquer deslize, seja ele de que natureza for, será seriamente punido pelo chicote e pela prisão na solitária.

Encerrou o seu monólogo ordenando ao carcereiro que nos levasse ao local de treinamento.

Fomos quase que arrastados para fora do ambiente, sendo conduzidos a uma das várias edículas existentes na propriedade. Lá, um sujeito de pequena estatura e mal-encarado nos aguardava à porta.

Aquele arremedo de homem olhou-nos com ar de superioridade, como se tivesse uns dois metros de altura. Em seguida nos perguntou:

– O nome?

Eu e Murilo nos entreolhamos interrogativamente. Ele, então, irritado repetiu:

– O nome de vocês, escravos idiotas!

Respondemos quase em uníssono, até porque não sabíamos o que mais esperar daqueles insanos que, via de regra, se colocavam como verdadeiros demônios à nossa frente.

O tal instrutor foi direto:

- Ambos serão treinados como batedores, para se responsabilizarem pelo processo de infernização junto aos usurpadores da propriedade que aqui residem.

Murilo adiantou-se e perguntou:

- Residentes? Mas aqueles que aqui estão não são os proprietários?

O tal que fora indicado como instrutor reagiu violentamente aplicando um violento bofetão no Murilo. Este, pela debilidade que apresentava, estatelou-se de imediato no piso pedregoso. Aos brados o sujeito nos informou:

- Vocês são tão limitados pela imbecilidade que estão incapazes de distinguir a presença de quem continua no corpo de carne e quem está fora dele. Por que obra do destino sou obrigado a suportar e treinar gente tão desclassificada?

Eu, procurando aliviar a tensão, coloquei-me como mediador, temendo que o Murilo fosse ainda mais penalizado. Com um tom de voz baixa e demonstrando obediência, falei:

- Senhor, tenha misericórdia da nossa ignorância, porque não passamos de camponeses simples. Contudo, se o senhor se dispor a nos orientar, tenha a certeza de que seremos dois bons alunos e exímios cumpridores das tuas ordens.

Pareceu-me que a minha atitude bajuladora agradou aquele ser vil que se postava como nosso instrutor, pois, de certa forma, ele alterou o seu tom de voz e informou:

– Batedores são os causadores dos desconfortos proporcionados por ruídos nas paredes, nos móveis e, por vezes, em ações diretas, lançando certos objetos em direção aos invasores.

Mantive o meu ar de humildade, visando a alcançar mais informações:

– O senhor disse invasores?

Inicialmente, ele me olhou entre desconfiado e curioso e eu achei mesmo que a minha ousadia de dar seguimento ao diálogo poderia me custar algum tipo de castigo. Porém, depois de tudo o que eu tinha passado, o que mais poderia acontecer?

Não sei bem o que ocorreu com o sujeito, porque sua resposta causou-me enorme surpresa:

– Jayme, gosto do teu jeito interessado na proposta de serviço que está reservada para ambos. Geralmente, os imbecis que me são enviados sequer demonstram clareza no falar ou algum nível de inteligência para se manifestarem como gente. Assim, vou informá-lo a respeito das atividades bem como dos seus objetivos:

Noah, o nosso senhor e legítimo proprietário que os encaminhou para o treinamento, foi condenado à fogueira juntamente com os seus dois filhos. Tratava-se de questões financeiras pendentes (e não religiosas) que mantinha com a rainha atual, sendo, dessa maneira, desapropriado logo após a condenação dos três.

Suas propriedades foram imediatamente negociadas. Parte do butim conquistado foi transferido para a igreja e a sua esposa foi abandonada como uma mendiga qualquer pelos mandantes, depois do quadro de loucura que a acometeu. Bem, pelo menos é essa a informação que temos do próprio Noah. Este, então, foi aos poucos nos arrebanhando, oferecendo-nos guarida nas suas propriedades. Com isso, nosso pagamento é procurar afastar os intrusos que por aqui venham tentar residir.

Ele encerrou bruscamente as explicações e, olhando firme para o Murilo, que se mantinha ainda no piso, ordenou:

– Vamos, levante, seu moleirão, temos trabalho pela frente! Os dois, sigam-me!

Percebi rapidamente todo o esquema no qual estávamos envolvidos. Noah não passava de outro líder trevoso se postando de injustiçado, muito provavelmente envolvido em várias falcatruas. Terminou sendo executado através daqueles recursos escusos empregados entre o governo e os seus asseclas, os mesmos que regiam as instituições religiosas no país naquele período negro da história. Quanto às ocorrências, se verdadeiras ou falsas, não poderiam àquela altura ser confirmadas por dois simples e literais escravos que, ao menor sinal de desajuste, pagariam caro pela ousadia de vasculhar terreno alheio ou mesmo por qualquer erro cometido.

Assim, a atitude mais inteligente naquele momento era obedecer e ver se aprendíamos alguma coisa. Eu me perguntava:

– Quem sabe todas essas lições não me servirão algum dia para o processo de vingança contra o trio que me colocou nessa situação de profunda humilhação? Quem sabe esse não seria um recurso para eu encontrar a Luna e as meninas?

A tentativa era válida e, de alguma forma, eu procuraria aprender o máximo, inclusive estimulando o Murilo a me acompanhar no intento.

CAPÍTULO 20

PRIMEIRAS LIÇÕES

O instrutor, percebendo que não cometeríamos qualquer inconveniente no terreno da desobediência, informou:

– Chamo-me Mestre Kaleb. A partir de agora, esta será a forma como deverei ser tratado: mestre.

Respondemos afirmativamente, sem enfatizarmos qualquer ponto que nos desagradasse, já que tínhamos a certeza de que o processo punitivo naquele ambiente era bem pior do que o que o Lobo costumava reservar para o seu séquito em caso de deslizes.

Kaleb seguiu à frente com o seu ar empertigado, numa representação ridícula de mestre, mandando-nos sentar cada um de nós em bancos bastante toscos. Disse-nos, então:

– Iniciarei um processo de natureza magnética, procurando abrir as possibilidades de cada um de vocês adentrar na dimensão onde se encontram aqueles que residem neste palacete.

De pronto, levantei a minha mão como um aluno comportado para apresentar a minha questão, no que fui bem recebido pelo instrutor.

– Mestre, por que essa diferença ao enxergarmos determinadas pessoas? Por exemplo, aquelas que se encontravam nos ambientes em que estivemos enclausurados ou quando das nossas andanças com o Lobo numa casa de facilidades; por que aquilo não acontece por aqui com relação à nossa capacidade de ver?

– Isso, Jayme, está relacionado ao interesse e ao padrão vibratório em que você se encontra. Depois da saída definitiva do corpo de carne, indivíduos em padrão energético semelhante ao nosso continuam sendo divisados de forma natural por nós, ao passo que outros, que se diferenciam ou pelos quais não temos real interesse, podem nos passar completamente despercebidos.

– Então, mestre Kaleb, significa que os atuais moradores deste palacete estão em condições energéticas melhores que a nossa?

Ele não gostou da minha observação. Irritado, avançou na minha direção e, segurando-me pelo pescoço, avisou:

– Escute bem, seu idiota, invasores do nosso território não são melhores que nós pelo simples fato de que invadiram, compreendeu bem? Se o Noah tivesse ouvido tamanho absurdo, você seria flagelado sem piedade, sendo colocado na solitária por muito tempo. Preste muita atenção às tuas observações imbecis, para que eu não venha a ficar comprometido por elas!

– O senhor me perdoe, mestre! E saiba que não tive a intenção de ofendê-lo; foi apenas uma pergunta.

– De boas intenções os incompetentes também procuram viver, provocando os mais diversos erros e prejuízos. Agora chega de conversa fiada e vamos ao trabalho!

Kaleb iniciou o processo com movimentos de ambas as mãos, posicionando-as na altura da minha fronte e no alto da minha cabeça. À medida que procedia dessa maneira, eu sentia que uma atmosfera se formava ao redor do meu crânio, como se um tipo de vapor cinza esbranquiçado fosse absorvido principalmente pela parte frontal.

Quando deu por terminado o procedimento em mim, passou para o Murilo, com quem eu pude observar efeitos muito semelhantes aos meus.

Logo após o término das operações, Kaleb informou:

– Essas energias que apliquei em vocês são os recursos fluídicos que cada um de nós possui no corpo, seja em que dimensão estivermos. Eles podem ser utilizados para os mais diversos fins, tanto para causar benefícios à saúde de um indivíduo, desde que seja dosado de acordo, quanto para prejudicá-lo, criando, inclusive, processos hipnóticos que os levem às mais variadas enfermidades ou mesmo à loucura, se necessário for.

Vou ensiná-los a usarem esses fluidos em processo associativo, de modo a ser possível retirá-los das criaturas desatentas que se encontram no corpo de carne. Somando-os aos nossos, serão produzidos ruídos e desconfortos os mais variados. Neste caso específico, aplicaremos o procedimento nos invasores do nosso território.

Foi Murilo que desta vez fez menção de perguntar, no que foi atendido:

– Desculpe, mestre, se a minha questão é infantil, mas será esta a condição usual que sabemos dos locais ditos assombrados?

O instrutor ajeitou parte da sua rota vestimenta e, com ar professoral, respondeu:

– Sim, com o conhecimento de causa, como será o caso de vocês, ou, por vezes, sem que o fantasma (ou o espírito) que esteja vagando por um determinado local saiba como produzi-los, isto é, sem a técnica adequada. Em ambos os casos, porém, terminam por chegar aos mesmos efeitos, pelas tentativas de erro e acerto.

Enfim, esse é um dos procedimentos mais simples no quadro para o qual serão de agora em diante instruídos. Com o tempo e a dedicação, desde que obtenham resultados satisfatórios, poderei ampliar seus conhecimentos, passando-lhes técnicas mais avançadas, a fim de os tornarem capazes de lidar melhor com esse potencial que pertence a cada um de nós, conforme informei há pouco.

Subitamente me deixei envolver por uma força interior transformada em ódio. Na minha mente, percebi que se abria um verdadeiro mar de oportunidades, já que, se eu pudesse controlar essas potencialidades energéticas utilizando-as de forma efetiva, poderia ir atrás do trio que me infelicitara a vida, vingando-me de todos eles com requintes de crueldade.

Por tudo o que eu havia sofrido até então, aquela postura de homem temente a Deus, muito ao gosto dos mandatários de plantão, deixaria efetivamente de existir a partir daquele momento. Afinal, o que de fato eu havia recebido por essa postura, senão a traição de um membro da própria família, sendo vítima (exatamente isso, vítima) de uma matilha de lobos sanguinários, sedentos de poder e de dinheiro? Era isto de agora em diante: eu deixaria de ser cordeiro para me tornar um lobo pior do que eles. O tempo se encarregaria de mostrar os resultados.

CAPÍTULO 21

CAMINHO DE DIFÍCIL RETORNO

Depois de algumas horas passadas com o Kaleb, fomos dispensados para um merecido descanso. Ficamos num local que, aparentemente, seria um tanto mais conveniente do que aquela cela imunda na qual havíamos sido trancafiados por tanto tempo.

Destinaram-nos, pois, um dos quartos do palacete. Ali, em questão de horas, se reuniram outras criaturas da nossa dimensão envolvendo-se em verdadeira promiscuidade. Estávamos novamente diante de quadros asquerosos. A imundície, quando comparada à prisão recente, era apenas de um tipo diferente perante o comportamento daquelas pessoas que, no fim, não possuíam o mínimo de respeito por si mesmas.

Mas algo havíamos aprendido, tanto eu quanto o meu amigo de infortúnio: a reclamação costumava ser respondida com crueldade, sendo a chibata o instrumento de uso regular para os reclamantes. Desse modo, ajeitamo-nos a um canto do quarto sem incomodar qualquer um com a nossa presença. Com isso, procuramos descansar um pouco.

Uma espécie de sono anestésico se apoderou de mim rapidamente tão logo me ajeitei no piso gelado construído com um tipo de pedra polida. Senti-me saindo da minha constituição espiritual, tão materializada na dimensão onde me encontrava, como se o meu corpo fosse praticamente aquele que envergara no planeta. Na realidade, muito pouca coisa mudara entre uma dimensão e outra. Mas, sinceramente, quando estava na assim considerada dimensão física, minha vida era muito melhor. Diante disso, procurava amenizar aquela situação e me consolar, dizendo para mim mesmo que tudo o que eu passava, de alguma maneira, deveria ser merecido.

Envolvido nesses pensamentos, vi-me alçado a um local tranquilo. Aquela espécie de viagem deu-se em velocidade espantosa e desconhecida por mim. Subitamente, a figura do Padre Luca surgiu à minha frente, porém, desta vez, demonstrando uma sutileza nos contornos. Era como se uma luminosidade o envolvesse em coloração azul prateada.

Receoso por estar de repente sendo enganado por uma das tantas formas que os demônios poderiam se apresentar, uma vez que as informações que eu tinha recebido se relacionavam a essas capacidades que os tais seres infernais possuíam, achei mais adequado manter cautela.

Então, a entidade, ou fantasma brilhante, sorriu como de hábito, tal como, por exemplo, ele nos recebia na sua humilde paróquia. Transmitindo pelo olhar a mesma bondade daqueles tempos idos, disse-me:

– Não é necessário manter-se receoso, meu filho; você não está diante de um demônio disfarçado, mas sim do mesmo Padre Luca que você conheceu. Pode confiar, porque eu continuo preservando o mesmo amor paternal por todos aqueles que estiveram sob a minha responsabilidade de conduzir ao Nosso Amado

Pastor de almas, o Nosso Senhor Jesus Cristo.

Mantendo-me a certa distância, falei:

– Sua figura, padre... Sua condição atual...

– Estou na mesma dimensão que a tua, meu filho, com uma pequena diferença de objetivos, posto que todos os meus estão relacionados ao serviço com Jesus. E é exatamente por isso que venho lhe convidar para que me siga rumo a novas paragens, onde a paz será construída com o exercício do amor e do perdão, no serviço edificante em favor do próximo.

– Se o senhor é realmente o que diz ser, o Padre Luca, sabe que eu não posso segui-lo. Tenho compromissos com a minha família e também com o Murilo, que se fez meu amigo. Não vou abandoná-lo à própria sorte depois de tudo o que passamos juntos.

– Jayme, não tomaremos atitudes egoístas patrocinando a liberdade apenas de poucos, até porque, enquanto uma lágrima for derramada no mundo, estaremos em trabalho constante para enxugá-la transformando-a em luz de reerguimento e em esforço constante de evolução rumo ao Criador.

Em relação ao Murilo, a tua disposição de alterar a direção da presente jornada será de grande influência e, com certeza, ele nos acompanhará. Pense, agora, na caridade que você proporcionará não apenas se beneficiando, mas também estendendo os benefícios do esclarecimento a esse nosso estimado irmão. Depois viremos em serviço a fim de convidarmos outras dessas almas que se encontram perdidas debatendo-se na profunda ignorância de si mesmas.

Quanto à tua família, tuas reponsabilidades poderão ser reassumidas novamente junto a ela, até porque a Luna e as tuas filhas estão na dimensão paralela a esta onde você se encontra atualmente.

– Não pode ser possível o que me diz... Isso deve ser uma estratégia tua para me enganar levando-me para o teu lado. No mínimo serei material de negociação, como tenho experimentado na mão desses lobos disfarçados de cordeiros que hoje nos escravizam. Se você faz uma proposta dessas, me responda: o que se passou com a Luna e as meninas; por que não as vejo?

– Meu filho, tão logo me transferiram da paróquia onde eu me encontrava junto a vocês, experimentei a morte do corpo físico. Recebi, então, a incumbência de resgatar a tua esposa e as tuas filhas quando estas também se transferiram para a nossa dimensão em definitivo, que é a espiritual, a verdadeira. Você não as vê, porque está centralizado na revolta e na manutenção de um ódio que construirá um caminho demasiado espinhoso, cujo retorno custará tempo e sacrifícios extremados. Reforço, assim, o meu convite de vir comigo. Dessa maneira, você vai se unir à tua querida e amada família que te espera.

– O que aconteceu com elas? Diga-me!

– Jayme, desperte desse enclausuramento mental e não acrescente maiores sofrimentos para a tua vida... O importante não é o que aconteceu, mas sim como elas se encontram, gozando da felicidade do esclarecimento, tendo seus corações repletos de amor e aguardando por você!

– Veja como você é ardiloso, maldito espectro demoníaco... Se soubesse a verdade, diria agora sem rodeios, porque saberia muito bem a importância que o paradeiro delas representa para mim e o que de fato ocorreu ou está ocorrendo. Mas, sendo assim, desapareça, maldito infeliz, que vem apenas acrescentar mais sofrimento à minha tortura! Deixe-me em paz! Volte para o inferno de onde saiu, demônio disfarçado de anjo!

Despertei num sobressalto, aos gritos, sendo amparado pelo Murilo que se encontrava ao meu lado. Vi-me, então, como alvo imediato de chacotas de alguns daqueles infelizes que dividiam o quarto conosco.

CAPÍTULO 22

TOLO ORGULHO

Em breves semanas de treinamento, eu e o Murilo demonstrávamos resultados positivos para o Kaleb. Em contato próximo com os residentes do plano físico, os quais já identificávamos com clareza, iniciávamos os procedimentos provocando ruídos e efeitos os mais diversos em móveis e paredes, quando estas eram de madeira.

Tínhamos, entre os moradores, duas pessoas que para nós eram especiais: uma das serviçais e a esposa do proprietário. Estas nos auxiliavam através do terror que sentiam na produção dos efeitos, os quais, por sua vez, aumentavam em caráter de rotina. Quanto mais receio impúnhamos com aqueles estalos e alguns arremedos de gargalhadas, soando pelos corredores, mais daquele fluido cinza esbranquiçado era cedido pelas duas jovens senhoras. Com eles, através de um comando mental simples, envolvíamos o local, fosse ele um móvel ou algum outro objeto. De acordo com a nossa vontade, apresentávamos aqueles espetáculos rudimentares, tornando o ambiente aquilo que vulgarmente é conhecido como lugar assombrado. Saíamo-nos tão bem que o próprio Noah veio nos cumprimentar satisfeito pelos resultados, os quais superavam em muito os dos outros participantes do seu grupo.

Na verdade, eu estava mais apto aquele "serviço" do que o meu companheiro Murilo, uma vez que, no meu íntimo, o que de fato me movia era o desejo ardente de aprender aquelas técnicas exercitando-as ao máximo. Assim, um dia encontraria os meus desafetos e me vingaria de tudo que eles me haviam proporcionado, usurpando a minha pequena propriedade, destruindo a mim e à minha família. Durante o pouco que repousava, meus sonhos eram povoados pela esperança desse encontro, quando eu saberia torturá-los até levá-los à loucura antes de trazê-los para o meu lado.

Quando confidenciei o meu drama ao Kaleb, este me incentivou, dizendo que eu me aplicasse com afinco aos exercícios agora, pois, dessa maneira, certamente eu alcançaria melhores e mais profundos resultados. Acrescentou dizendo que a minha produção naquelas atividades eram, na verdade, só o começo do que eu poderia aprender com o tempo, colocando em prática técnicas bem mais apuradas.

De fato, o que o nosso mestre informava naquela ocasião, principalmente para mim, se constatou pouco depois. Logo que expulsamos os moradores intrusos, que trataram de vender o palacete para outros desavisados, Noah sugeriu à Kaleb que me preparasse na arte da fascinação, utilizando, para isso, o que viria a ser chamado de "hipnose" num futuro longínquo na dimensão planetária.

Se a produção dos ruídos e gargalhadas causaram receio à família e aos serviçais do palacete, os quais, por conta disso, procuraram se mudar dali em caráter emergencial, com as técnicas mais apuradas, os resultados se mostrariam muito mais interessantes.

Com os novos moradores, tínhamos em mãos dois filhos da família, beberrões e gozadores da vida em praticamente tempo integral. Como viviam invariavelmente sob o efeito do vinho que corria à solta na residência, os fluidos acinzentados eram muito mais fáceis de serem manipulados, porque o controle sobre eles pelos dois rapazes era muito menor do que pelos antigos residentes. Kaleb me disse que isso era possível em função do efeito do álcool, que diminuía em muito o controle daqueles dois sobre o próprio duplo[1], o qual, conforme soube então, encontra-se entre o corpo físico e aquilo que se convencionava chamar de corpo espiritual ou astral.

Gradativamente, pois, todas aquelas atividades se tornaram para mim um passatempo agradável, uma verdadeira diversão. Valia-me satisfeito dos recursos daqueles dois patifes para causar terror nos ambientes do palacete, amedrontando tanto eles próprios quanto os seus familiares e criados. Noah e Kaleb, entre outros, aproveitavam para vampirizá-los nos seus teores alcoólicos, causando nos dois rapazes uma debilidade a olhos vistos.

Quando indaguei Kaleb a respeito, ele me informou que, no final das contas, o procedimento vampiresco era mais do que justo, uma vez que todos eles, os moradores, não passavam de invasores do nosso território,

---

[1] O autor se refere ao duplo etérico. (Nota da Editora).

repetindo a ideia de que a propriedade oficialmente pertencia ao Noah e aos integrantes do seu séquito, como era o nosso caso.

Enfim, por conta da minha ignorância e do meu desejo de vingança, fui me habituando a promover a minha própria diversão, esquecendo-me dos valores reais que um dia nortearam a minha vida, certamente porque eles nunca estiveram de fato devidamente solidificados em mim. Com efeito, ninguém altera o seu proceder, tal como eu naquele momento, se estivesse devidamente equilibrado diante da vida e de Deus.

Recordo-me que um dos meus últimos atos, aquele que serviu de decisão para o chefe da família invasora preparar a sua mudança do local, ocorreu num dos jantares em que se reunia a família toda com um grupo de amigos, tendo os serviçais postados próximo à mesa para atender os comezinhos mais pedidos.

Retirei dos dois beberrões e de um dos convivas presente uma quantidade razoável de fluidos e, com eles, pude revestir-me produzindo parte da minha imagem, o espectro da cintura para cima. Tornei-me completamente visível a todos que se encontravam no ambiente, causando tamanho espanto e correria que os apetrechos utilizados à mesa, bem como os alimentos, literalmente voaram na minha direção, lançados com o fito de me atingir sem, obviamente, alcançar o sucesso desejado.

Desde a minha entrada em cena, isso foi algo que, na minha pobreza espiritual, considerei magistral, porque, na parte menos iluminada do ambiente, onde haviam poucas velas, comecei a surgir envolto nos meus trapos regulares, com cabelos e barba completamente desgrenhados, produzindo um som gutural para o qual o Murilo muito me auxiliou. Tão logo chamei a atenção para mim do público presente, bradei:

– Invasores, saiam imediatamente dos nossos domínios antes que liquidemos cada um e com crueldade, levando todos para o inferno. Sumam daqui!

Dizendo isso, avancei em direção à ponta da mesa. A partir daquele instante não foi mais necessário manter o meu esforço, desgastando a mim mesmo por conta dos efeitos produzidos, porque o pânico foi generalizado.

Noah e Kaleb, além de outros do séquito, estavam presentes e se divertiram muito com a minha performance. Até o ponto de o nosso líder vir a mim e me abraçar na frente de todos, muito agradecido, depositando, em seguida, um beijo na minha face.

Com efeito, passei a muito me orgulhar do que tinha feito. Logo víamos os tolos dos moradores preparando com agilidade seus apetrechos e fazendo a mudança dali no menor tempo possível.

Feliz, dizia para mim mesmo que mais uma missão estava cumprida e que Ruan e a duplinha que o acompanhava não perderiam por esperar.

CAPÍTULO 23

MANEIRA DE VIVER

Se o tempo passava ou se era eu que passava por ele não saberia dizer. O fato é que as famílias que se sucederam como invasores daquilo que eu já considerava "nosso palacete" foram gradativamente sendo afastadas. Com algumas delas que mostravam maior resistência, tivemos de empregar métodos um tanto mais agressivos, utilizando as energias delas mesmas que, unindo-se às nossas, serviam para arremessar-lhes objetos ou fazer que saíssem de armários ou caíssem de prateleiras e mesas, causando as maiores cenas de terror. Isso, efetivamente, representava para nós, os assim chamados mortos, momentos de pura diversão. Da minha parte, tanto quanto dos meus colegas, já não importava mais a medição do tempo, o qual passou a ser um elemento nulo para nós.

Em determinados momentos, não saberia precisar se cinco ou muitas vezes mais, aquele sujeito travestido de Padre Luca surgia convidando-me ao refazimento do roteiro livremente traçado por mim. Ele empregava a mesma conversa fiada a respeito da minha união com a Luna e as meninas. Contudo, em todas as oportunidades eu soube rechaçar aquele misto de homem e de demônio embusteiro que, exatamente como uma tentação, surgia não sei de onde.

Um único aspecto de todas as ocorrências passou a me chamar a atenção depois que não mais tivemos famílias para, coordenados pelo nosso líder, efetivamente expulsar dos domínios, que também agora nos pertencia por direito. Tratava-se de alguns visitantes rápidos que vinham sendo dirigidos por alguém que lhes mostrava as dependências do palacete bem como as obras que se encontravam espalhadas pelo local.

Da mesma forma que surgiam, em algumas poucas horas se evadiam do ambiente para não mais retornarem. Todavia, pareciam-me estranhos os seus modos, suas roupas. Eram de um material que eu nunca tinha visto. Tinham modos de se comportar também diferentes e mexiam com objetos estranhos, com os quais miravam direções diversas e faziam registros. Honestamente, eu não saberia dizer para que serviria tudo aquilo[2].

Quando indagávamos o Noah ou o Kaleb a respeito, eles se limitavam a dizer que se tratavam de estrangeiros, talvez criaturas interessadas em residirem por ali; mas que, como o nosso trabalho fora muito bem realizado, ninguém em sã consciência teria coragem de colocar os pés em definitivo nos nossos domínios.

Todavia, fosse o que pudesse ser, aquilo não me im-

---

[2] A fim de preservar a visão do autor espiritual em sua narrativa, preferimos manter o texto original, quando ele se refere às mudanças significativas operadas nos séculos, as quais não eram percebidas por ele no momento em que os fatos ocorriam. Na verdade, os tais visitantes nada mais eram do que turistas, sendo coordenados por um guia, em visita ao palacete. Contrastam suas maneiras, vestimentas e também os objetos utilizados, muitos deles simples câmeras fotográficas, com aqueles conhecidos pelo autor espiritual em sua época de vivência na dimensão física (Nota da Editora).

portava realmente, porque os meus objetivos na desforra em relação ao Ruan, à tal da sua noiva, Jeanne, e ao Senhor Santos continuavam com prioridade total na minha mente. Somente esperava a oportunidade de poder sair do palacete indo em busca daqueles malditos.

Entretanto, eu e o Murilo tínhamos de prestar os serviços exigidos pelo nosso líder, a fim de pagar o período de aprendizagem, que fora longo, bem como o esforço do Kaleb em proporcionar as técnicas para nós, simples e ignorantes camponeses.

Certo dia, o Murilo se referiu à possibilidade de termos nos tornado escravos, de que a conta da nossa dívida jamais poderia ser saldada. Isso, porém, eu absolutamente não endossei, mantendo firme a convicção de que a qualquer deslize da nossa parte neste ponto da desconfiança, a penalidade era sabidamente sempre muito severa. Para quem, como nós, já tinha experimentado o tratamento da chibata e da solitária, o melhor que poderíamos fazer era, pois, obedecer cegamente.

Ele, meio a contragosto, se conformou, decidindo aderir ao meu ponto de vista e continuar trabalhando até que pudéssemos encontrar uma justificativa forte para apresentar ao líder o nosso desejo de tomar outros rumos.

Dessa forma, os dias se sucediam às noites sem grandes variações, dentro do que costumávamos tratar como o nosso trabalho e a nossa maneira de viver.

CAPÍTULO 24

O ENCONTRO

É bem verdade que raros eram os momentos em que nos divertíamos com aqueles visitantes os quais Noah classificava como estrangeiros, já que, em sua maioria, surgiam apenas durante o dia e logo se retiravam. Tinham, pois, intenção clara de não ficarem mais do que algumas horas ali. Assim, um item a mais fora adicionado à nossa vida: a monotonia, que foi gradativamente nos envolvendo a todos.

O próprio Noah e o Kaleb pareciam agora criaturas enfadonhas e completamente despreocupadas com o que acontecia com o grupo. Foi quando, então, as debandadas começaram a ocorrer e isso sem qualquer ação por parte deles. A debilidade que os assaltara era tamanha que me dava a impressão de que, a qualquer instante, eles não mais se moveriam por falta de forças.

Também comecei a perceber que entre aqueles "estrangeiros" surgiam algumas pessoas, ou criaturas mortas como nós, os quais acompanhavam alguns dos presentes. Outros também apareciam vestidos com túnicas brancas, semelhantes às dos padres ou das freiras, convidando-nos a sairmos daquele local que nos paralisava mais a cada dia.

Pela experiência que eu e o Murilo havíamos passado nas mãos de clérigos cruéis, ao menor sinal dessas criaturas, fugíamos o mais depressa possível. Em algumas ocasiões, uma ou outra daquelas criaturas mostrava-se por demais insistente, procurando nos esclarecer que os tempos tinham mudado e tudo o que havíamos até então conhecido não mais existia. Diziam que mundo sofrera grandes e importantes alterações, em função das quais o relacionamento entre as pessoas tinha cada vez mais se voltado para a implantação da solidariedade, apesar de muitos desacertos ainda precisarem ser trabalhados.

Ocorre que, se absolutamente nada daquilo me convencia, o mesmo não se passava com o Murilo, que tal qual o nosso líder e o Kaleb passaram a demostrar uma debilidade estranha.

Alguns daqueles sujeitos vestidos de branco às vezes nos diziam à distância, respeitando, obviamente, o nosso espaço, algo sobre a nossa natureza de origem divina, a qual viria a nos corrigir a rota, levando-nos de volta para a realidade do que de fato somos. Segundo eles, era exatamente por isso aquela fraqueza que se apresentava em alguns de nós. Tratava-se, de acordo com eles, da luta inconsciente travada no nosso íntimo, na tentativa de manter a chama da mágoa, porém, com os custos elevadíssimos do desperdício de tempo e de equilíbrio psíquico.

Eu literalmente dava de ombros para aquele palavreado carola regado de colocações lastreadas no perdão das ofensas e outras coisas semelhantes. Assim, continuei me mantendo firme, até mesmo quando vi, certo dia, o Murilo ceder ao convite de um desses grupinhos e abandonar a sua posição sem que o Noah ou o Kaleb tomassem qualquer providência.

Apesar de me sentir traído por aquele que se fizera amigo durante todo o período em que sofremos as mais duras penas, preferi voltar-lhe as costas quando da sua partida e dar por encerrado o episódio, reafirmando os meus propósitos de revanche.

Como desenvolvera em mim uma fortaleza gigantesca em torno dos meus propósitos, mantendo-me esperançoso de reencontrar a víbora que infelicitara a minha vida e a da minha família, certo dia fui finalmente estranhamente surpreendido.

Surgiu, num dos grupos visitantes, um casal jovem acompanhado de um garoto que não passava de quatorze anos de idade. Eles me chamaram a atenção de imediato.

A aparência deles era completamente diversa do que eu já vira e os corpos também. Apresentavam-se em configuração extremamente alterada; até as roupas eram muito estranhas e diferentes. Contudo, o que me confundiu foi que eu senti um frio tamanho quando me aproximei deles. Isso me envolveu como um todo, sendo tomado, em seguida, por uma taquicardia quase sem controle.

Sem dúvida eram eles, o trio miserável que estava de volta; afinal, tudo o que eu tinha aprendido com o Kaleb denunciava-os tamanha as energias inerentes. A confirmação disso não se fez esperar. Tão logo as primeiras e fortes impressões se deram, pude visualizar as figuras de cada um tal como se revestiam naquele último contato comigo na minha pequena propriedade.

O casal que estava ali à minha frente era, efetivamente, o Ruan e a Jeanne. Já o garoto, que, inclusive, se postava de maneira enfadonha, era o tal do Senhor Santos. Apesar de não entender o que se passava em relação aos novos corpos que pareciam encobrir aqueles que eu conhecera em outra configuração, a certeza de serem aqueles seres detestáveis estava claramente confirmada.

Sôfrego, fui em busca do Kaleb para apresentar-lhe a novidade. Fui atendido de forma rápida, com ele procurando se livrar da minha presença que parecia incomodar o marasmo em que se encontrava. Ele disse:

– Isso deve ser o que alguns falam sobre voltar num novo organismo físico. As criaturas são as mesmas, mas com algumas modificações. Se isso é uma verdade, pouco me importa! Agora, deixe-me em paz e vá cuidar dos teus negócios!

Voltei em disparada para junto do grupo. Com facilidade os localizei quando estavam se dirigindo para o portão de saída. Fui caminhando ao lado daquele que só poderia ser o Ruan. Quando ele atravessou o portão, o qual se tornara o ponto limítrofe daquele lugar para mim, investi-me de uma coragem enorme e avancei com ele na direção de uma carruagem de grandes proporções, uma tal que se apresentava sem qualquer cavalo para puxá-la.

De todo modo, completamente voltado para os meus objetivos, eu enfrentaria o inferno que fosse, mas não perderia por nada a oportunidade de acompanhá-los, até porque, guardada as devidas proporções, o criminoso voltava não necessariamente para a cena do crime, mas para a sua vítima.

Assim envolvido, numa atitude incontida me voltei para o Ruan e lhe disse bem próximo aos seus ouvidos algo que estava me corroendo há longo tempo. Por sua vez, ele pareceu registrar as frases, porque, subitamente, virou-se na minha direção procurando algo ou alguém que lhe falava aos brados:

– Finalmente nos encontramos, canalha traidor e assassino! Farei você pagar com lágrimas e sangue o que proporcionou tanto a mim quanto à Luna, tua cunhada, e tuas sobrinhas. Chegou o dia que tanto esperei, o dia de experimentar o doce sabor da vingança!

CAPÍTULO 25

O CÉU NÃO ME INTERESSA

Por estranho que possa parecer, a partir daquele reencontro, à medida que eu me concentrava nas três figuras à minha frente, parecia acontecer um processo de transfiguração delas. É como se estivessem voltando no tempo. A aparência do Ruan, da Jeanne e do Senhor Santos retomavam as suas características anteriores, tornando-os exatamente como eu os tinha conhecido. Tudo o mais que nos cercava também se transformava pouco a pouco, como se uma viagem no tempo ocorresse em paralelo, devolvendo-me as características daquele momento fatídico do último encontro com os miseráveis.

Enquanto vivia esse processo de transformação, surgiu-me, não sei de onde, a figura do Padre Luca ou do ser que se fazia passar por ele. Olhou-me, então, firmemente, sem, com isso, impingir-me qualquer ponta de receio, e falou em tom muito tranquilo.

– Jayme, meu estimado filho, minha querida ovelha que insiste em se desgarrar do rebanho do Senhor, abandone enquanto é tempo essas propostas de vingança que lhe custaram sofrimentos inenarráveis até hoje, levando-o a servir a interesses escusos de irmãos nossos. Estes insistem em se manter em desequilíbrio; contudo, graças ao Senhor de Nossas Vidas, não por tempo indefinido, como você mesmo pode constatar na relação com o Noah e o Kaleb.

Não resista mais à lógica da vida, meu filho. Tente proceder tal como o nosso Murilo que, desistindo dos instantes de ignorância e estando diante dos seus próprios potenciais, hoje experimenta o contato abençoado com aqueles que lhe são caros. Está, pois, em novas oportunidades de renascimento.

Note o que você está proporcionando para você mesmo! Passado um pouco mais de sete séculos, um procedimento auto-hipnótico o está levando a reconstruir as condições vivenciadas no século XIII, quando se deram os nossos desacertos coletivos. Entretanto, como seres humanos em evolução, esses equívocos já foram superados. Recorde-se, pois, de Jesus que nos orientou em relação às nossas posturas ao dizer que não sabíamos o que estávamos fazendo. Mesmo hoje, sabemos muito pouco; contudo, esse pouco já é o suficiente para não continuarmos a manter os mesmos padrões de ódio e de vingança que nos infelicitaram outrora e que podem continuar nos infelicitando por muito tempo ainda.

Jayme, permita-se esta oportunidade de alteração de rumo no teu processo evolutivo. Suspenda as atitudes insanas que você está perto de realizar. Elas seguramente o envolverão num verdadeiro emaranhado de sofrimento, em dores superlativas, comprometendo-o perante as Leis do Criador que jazem na tua consciência, nos estimulando ao exercício do amor e do perdão incondicional. Liberte-se, meu filho, deste corrosivo que é o ódio, e não se comprometa com esses nossos irmãos, posto que já se encontram marcados conscientemente diante das leis universais em função das responsabilidades assumidas e isso por praticamente nada. Permita que eles corrijam, em suas existências atuais, os equívocos cometidos em relação a você, à Luna e às tuas filhas. A condição consciencial deles começa a despertar agora e você não precisará fazer parte dos seus respectivos resgates.

Veja como as Leis do Nosso Criador não têm pressa para as corrigendas adequadas para cada um de nós, a fim de que possamos nos pacificar com a nossa própria consciência. Você pode suspender os teus projetos e, assim, permitir o reencontro com a tua amada esposa, reconstruindo a tua família. O que me diz?

Demonstrando toda a indignação que me envolvia, respondi:

– Digo que você, espírito infernal, deve ter parte com os crápulas que me destruíram. Com esse teu palavreado doce como o mel tenta liberá-los do processo justo que estou prestes a iniciar. Mas saiba que eu não abrirei mão dos meus direitos por conta de uma oferta que não me interessa e nunca me interessou. Então, para variar, lhe digo: desapareça da minha frente e me deixe com os meus problemas, que já são muitos! Só vou me libertar quando solucionar as pendências com esses três malditos usurpadores.

O tal Padre Luca, ou fosse lá quem fosse, tentou insistir nas suas colocações. Mas eu, aos brados, o mandei sair da minha frente. Meu tratamento foi rude, inclusive empregando termos agressivos. Mesmo assim, ele se despediu dizendo:

– Seja feito de acordo com os teus desejos, meu filho. Continuarei orando para que um dia você alcance a paz tão desejada.

Eu me encontrava tão contrariado que tomei as últimas palavras dele como uma verdadeira afronta. Novamente aos brados, disse-lhe:

– Maldito seja você também, verme infernal! Nunca desistirei dos meus propósitos, e isso nem que me ofereçam o céu, o que, aliás, também não me interessa.

CAPÍTULO 26

COMPANHIA CONSTANTE

Na minha nova fixação, acompanhei o trio dos meus desafetos. Agora eles se constituíam uma família feliz (pelo menos na aparência) em relação às pessoas que os cumprimentavam num local que parecia ser uma grande hospedaria.

Por mais estranho que pudesse parecer, as imagens do período em que eu me relacionei com o Ruan tendo-o como meu irmão e a sua nova vestimenta corporal se interpunham de maneira peculiar. O mesmo acontecia com as construções e os veículos, estes circulando de modo estranho para mim, geralmente muito velozes e desprovidos da animália para impulsioná-los. Tinha, assim, a sensação de estar vivenciando experiências em outro mundo. Talvez estivesse mesmo, principalmente depois que me liberei dos altos muros que cercavam o palacete onde eu vivera por tanto tempo, um período que eu, honestamente, não saberia mais precisar.

Mas se tudo que se passava agora seria real ou fantasioso, de uma coisa eu tinha absoluta certeza: estava mais uma vez reunido com aquele crápula e a sua dupla de amigos malditos. Por isso, decidi não me importar com todos aqueles aspectos novos que surgiam à minha frente, a fim de não perder o foco do meu objetivo, que era fazer justiça cobrando os danos sofridos até então.

Aguardei, então, que o trio se instalasse num confortável e amplo aposento, cuja mobília, por sua vez, eu jamais pude divisar em toda a minha curta existência. Tudo aquilo parecia pertencer a criaturas muito ricas, o que me despertou um ódio maior. No meu processo mental, fiz imediata associação entre o dinheiro da minha propriedade que ele usurpara com a duplinha amiga e a manutenção daquele luxo todo. Sendo verdadeiro ou não, o fato é que eu passei a ter mais um bom motivo para punir o trio, e o faria prazerosamente.

Também passei a prestar atenção ao diálogo que transcorria entre eles naquele momento. O Ruan e a tal da Jeanne, depois de uma pequena discussão com o garoto, por conta de que ele não queria obedecê-los quanto aos cuidados de aspectos higiênicos básicos, falavam sobre a questão. Mas o que me chamava a atenção é que aquele embate entre o casal se travava no seu registro mental. O que eles diziam eu captava antes que a palavra fosse articulada. É bem verdade que Kaleb já tinha me orientado quanto a isso, dizendo, na ocasião, que nós registrávamos por via mental o que os invasores do nosso palacete diriam. Bem, fosse isso ou não, o fato é que eu estava participando ativamente dos diálogos como um espião invisível.

Tão logo todos se acomodaram para o repouso, Ruan foi o primeiro a se desligar da sua vestimenta carnal. Com movimentos lentos, sentou-se próximo ao seu corpo, que estava neutralizado profundamente pelo sono, e de imediato registrou a minha presença. Olhou-me com estranheza a princípio, mas depois tive a impressão de que ele tentava buscar na memória de onde me conhecia.

Procurei facilitar-lhe o procedimento dizendo cinicamente:

– Meu caro Ruan, farei com que tenha plena certeza de quem eu sou, caso seja do teu interesse.

Ele me olhou com certo desdém e respondeu:

– A mim pouco me importa! Você é um estranho e deve estar perdido. Vá procurar as tuas companhias, porque aqui você não é bem-vindo.

Tive a certeza de que o miserável continuava com a mesma arrogância de sempre. Então, avancei na sua direção e saltei sobre o seu pescoço querendo esganá-lo, enquanto bradava:

– Maldito crápula assassino, apenas disfarçado numa roupagem carnal diferente; você pagará pelo que me fez! A partir de agora, transformarei a tua vida num verdadeiro inferno. Adicionalmente, farei o mesmo com a dessa meretriz e a do usurpador que te acompanham.

Ele tentou se defender; contudo, não alcançando o objetivo desejado, voltou subitamente para o corpo, despertando do sono. Manteve, porém, a impressão de que as minhas mãos ainda tentavam esganá-lo. Por isso, imediatamente conferiu o quarto para ver se algum estranho entrara ali. Não encontrando coisa alguma, definiu a situação como apenas um pesadelo, algo que, por minha vez, me encarregaria de reproduzir em caráter de rotina.

Enquanto Ruan buscava novamente conciliar o sono, apliquei-lhe substancial quantidade de energias no alto da cabeça e também na sua fronte, porque aprendera com o Kaleb que esse procedimento poderia levar o sujeito a recordações do seu passado.

Não demorou para que eu pudesse conferir tirando proveito das minhas técnicas. O canalha adormeceu novamente e, ao sair do corpo e me ver, reconheceu-me de imediato. Falou, pois, em tom de pânico:

– Não pode ser você, Jayme. Estou tendo o segundo pesadelo...

Não permiti que ele terminasse a frase, avançando outra vez em sua direção para sufocá-lo. Dizia-lhe ao mesmo tempo:

– Claro que sou eu, seu traidor do próprio sangue! Farei você e os teus comparsas pagarem caro por toda a infelicidade que se abateu sobre mim e a minha família!

Ele mais uma vez procurou se livrar das minhas mãos, mas, não tendo forças suficientes, retornou subitamente ao corpo, despertando num sobressalto ainda que registrasse mentalmente as minhas últimas ameaças:

– Não lhe darei um instante sequer de paz a partir deste momento, víbora peçonhenta! E para começar, não mais deixarei você dormir, transformando-me na tua companhia constante.

CAPÍTULO 27

DOCE COMO O MEL

Notei que o fator culpabilidade no Ruan favorecia o meu acesso a ele de maneira eficaz. Assim, decidi experimentar o mesmo com a Jeanne e o Senhor Santos. Obtive, então, inicialmente em Jeanne, uma resposta similar à do meu ex-irmão.

Na verdade, tinha aprendido com o Kaleb que a inserção energética na direção da fronte e no alto do crânio de uma pessoa criava possibilidades de controle do indivíduo, caso este tivesse incorrido em situações de culpa ou trouxesse fraqueza moral em relação àquele que se posicionava como um desafeto ou um cobrador. Certa feita, meu instrutor citara que as partes do corpo sobre as quais se operavam a transferência energética chamavam-se "chacras". Também informou que tínhamos, no nosso corpo astral, vários pontos que, devidamente trabalhados pela aplicação de fluidos ou energias, produziam imenso bem ou o seu contrário, quando exercíamos o processo de justiça pelas nossas próprias mãos.

Não demorou, pois, para que eu produzisse o mesmo efeito infernal na companheira do Ruan, que, aliás, também se encontrava em vestimenta corpórea distinta daquela com a qual eu a conhecera. O mesmo se deu em relação ao Senhor Santos.

Concentrando-me nos chacras específicos deles, os três passaram a me visualizar no período do desdobramento corpóreo pelo sono. Viam-me conforme tiveram a oportunidade de me conhecer quando das suas rápidas visitas ao lar que ajudaram a destruir. Da mesma forma, passei a vê-los na configuração que tiveram naquele período da história. Na verdade, fixei-me nessas suas imagens para manter o meu foco total no processo de justiça que lhes aplicaria pelo que haviam me proporcionado.

Logo no primeiro contato que tive com a Jeanne e o Senhor Santos, encontrei-os fora do corpo físico, em sono pesado em virtude da participação numa festa em que praticamente vararam a noite na companhia do Ruan e alguns dos seus amigos. No momento do desdobramento, portanto, posicionei-me de forma aterradora, ao que Jeanne, em desespero, retornou para a organização somática. Despertou em literal pânico fazendo despertar também o Ruan, que mal iniciara o seu repouso.

Por sua vez, o Senhor Santos procurou se posicionar, a princípio, como se não temesse a minha presença, o que, até certo ponto, pareceu-me um tanto ameaçador. Olhando-me de maneira desprezível, disse:

– Não pense você que eu tenha pena ou que me sinta culpado pela desapropriação do teu campo, até porque o valor oferecido ao teu irmão na transação foi considerado por ele como bastante irrisório. Agora, não me faça perder o meu tempo com a tua presença. Trate de retornar de onde veio! Mas, caso queira manter o teu inferno particular, saiba que esse embate é, na verdade, entre você e o teu irmão.

O sujeito foi de uma petulância e tamanha ousadia que por alguns instantes me senti neutralizado com a sua postura desafiadora. Percebi, de imediato, que precisaria de técnicas diferentes para atuar de forma efetiva no seu processo punitivo. Com efeito, aquele simples despertar, buscando lhe causar pânico com a minha presença e, com isso, enfraquecer gradativamente a sua constituição corpórea pela ausência de repouso, não seria tão eficaz com ele quanto o foi com o Ruan e a Jeanne. De fato, eu precisaria fazer diferente; era imperioso arquitetar uma nova estratégia para lidar com aquele insolente e usurpador experiente.

Como eu sempre fora hábil com os procedimentos no campo, cujas lições me foram repassadas pelo meu pai, principalmente quanto a lidar com animais peçonhentos, julguei que, talvez, as energias utilizadas nas pessoas poderiam ser também trabalhadas em pequenos animais, produzindo, dessa forma, algum desconforto naquele miserável. Assim, iniciei os meus testes com algumas aranhas que encontrei próximo à residência do trio. Percebi, então, que conseguia empregar as minhas energias criando certo nível de comando em relação ao direcionamento daquelas pequenas criaturas. Procedi dessa maneira e alcancei pleno sucesso. Faltava, agora, direcioná-las para a moradia do Ruan, levando-as diretamente ao quarto do valentão desafiador.

Passei o dia todo praticando com aqueles pequenos seres. Com alguns deles a minha influência alcançava maior resultado. Assim, tão logo obtive um controle mais efetivo, forcei o deslocamento de duas ou três aranhas para a casa do Ruan, o que consegui com excelente êxito, colocando-as exatamente no quarto do Senhor Santos, travestido que se encontrava agora como um garoto.

Surpreendentemente, posto que eu realmente não calculava que o maldito tinha verdadeiro horror a criaturas peçonhentas, talvez por ter sido sempre criado em ambientes sofisticados, distantes do campo, onde a relação com animais de portes variados era comum, o fato é que o efeito produzido nessa ação foi além do esperado. O sujeito foi tomado de um pavor tamanho ao entrar no seu quarto e ver duas aranhas sobre a sua cama que eu mesmo, a princípio, me assustei com a reação daquele que antes se mostrara tão poderoso. Logo em seguida, gargalhei gostosamente com a cena ridícula à frente daquele poltrão.

Exultei realmente com o que assistia, pois constatei que, para apavorá-lo, bastaria criar imagens de animais peçonhentos na sua mente, cenas das criaturas querendo atacá-lo. Com isso, eu efetivamente construiria uma atmosfera infernal para o sujeito, alcançando os meus objetivos de torturá-lo e enfraquecê-lo gradativamente.

Enfim, em poucos dias de pleno exercício junto ao trio, já alcançava o sucesso desejado. Iniciava, pois, a minha vingança, a qual, para mim, era realmente doce como o mel.

CAPÍTULO 28

TÉCNICAS SOMBRIAS

Finalmente, tudo o que eu tinha passado na minha infeliz existência estava agora sendo devidamente compensado pela implementação dos castigos arquitetados por mim. Na minha opinião, todos eles eram de extremada justeza. Na realidade, tornou-se uma diversão aguardar o momento em que os três miseráveis se preparavam para o repouso noturno, pois era quando as minhas ações tinham início.

Para o caso do Ruan e da Jeanne, bastava a minha presença diante deles. Quando iniciavam o processo de desdobramento do corpo somático provocado pelo sono e me viam, despertavam logo em seguida em verdadeiro sobressalto, completamente aterrorizados. Não tinham consciência exata do que de fato ocorria e, por isso, não encontravam explicação para tamanhos e repetidos pesadelos.

Com efeito, a minha estratégia funcionava com afinada perfeição, uma vez que eu esperava que eles voltassem a pegar no sono e, então, atacava o Senhor Santos, criando, através da hipnose, figuras gigantescas de aracnídeos ou ofídios, os quais causavam verdadeiro terror no covarde. Ele despertava aos gritos por conta do seu pesadelo e, dessa forma, incomodava absurdamente o casal que pretendia descansar, mesmo que por alguns instantes.

Outro aspecto que constatei ser de grande valia no meu processo obsessivo, sem que eu necessariamente tivesse recebido lições a respeito, tornando-me capaz pelo método empírico mesmo, referia-se aos instantes de carícias trocadas na intimidade do casal. Percebi que as energias de ambos eram colocadas sem controle no ambiente. Ora, unindo-as às minhas, passei a promover certos ruídos em móveis ou a derrubar objetos no quarto, causando, então, situações de real assombro para os dois, o que completava a minha diversão.

Gradativamente, também passei a me inteirar do que os três faziam durante o dia, procurando conhecer tudo sobre a nova realidade deles. Notei pelos comentários entre o casal, que os compromissos de trabalho do Ruan bem como o rendimento escolar do garoto davam mostras de sério comprometimento. De posse dessas informações, passei a intensificar, tanto quanto possível, as minhas ações também durante o dia, aproveitando os instantes em que o Senhor Santos, agora travestido num adolescente, fazia os seus assim chamados deveres de casa, enquanto a Jeanne cuidava dos afazeres domésticos.

Quanto ao garoto, nos momentos em que se dedicava aos cadernos e livros, eu me valia das suas energias, emanadas em profusão, e criava rapidamente imagens de pequenas aranhas, as quais surgiam como que por enquanto sobre a mesa ou sobre as suas mãos. Isso lhe causava tamanho assombro que a Jeanne, sempre apavorada, corria para conter o pânico que se instalava naquele que agora se posicionava como seu filho.

Por sua vez, a situação dela não era melhor, porque eu promovia, principalmente na cozinha, movimentos em panelas e outros pequenos objetos, tirando-lhe a atenção no que fazia. A ação se dava principalmente quando ela estava utilizando alguma faca ou outro objeto que pudesse lhe causar algum dano físico, conseguindo, em determinadas ocasiões, que se cortasse ou que se queimasse.

Por mais primitivas que fossem as minhas ações, eu percebia que estavam surtindo o efeito desejado, pois, logo, pelas conversas que ocorriam, consultas médicas eram marcadas; já falavam, inclusive, em alguma sessão ocultista em auxílio à questão.

O fruto dessas minhas conquistas com o trio miseravelmente comprometido comigo certamente se relacionava ao meu aprendizado, ao fato de ter sido um bom aluno do Kaleb. Agora, eu colhia o fruto da espera exercitada através de todos os sofrimentos que me foram impostos.

Não demorou para os três passarem a fazer uso de medicamentos para dormir, o que funcionava durante certo tempo, anestesiando-lhes o corpo físico. Contudo, como não conseguiam retornar para o invólucro corpóreo depois de o desdobramento se dar pelos químicos, o meu processo torturante continuava de forma acusativa e isso mesmo que eles se encontrassem um tanto anestesiados na minha dimensão. Despertavam, pois, depois daquele período de sono imposto pelos fármacos, mas suas consciências continuavam a martelar a culpa que carregavam.

O enfraquecimento corpóreo de cada um deles se dava, assim, a olhos vistos, comprometendo-lhes o humor. Dessa forma, surgiam os mais variados desentendimentos entre o casal envolvendo também o garoto que, por vezes, tomado de fúria, precisava ser contido pelo pai para não agredir a própria mãe.

Na verdade, aqueles arroubos do adolescente eram patrocinados pela minha influência, já que eu me valia do seu descontrole depois de lhe aplicar energias hipnóticas. Estas consistiam não apenas em criar imagens que lhe causavam terror, mas também em transformar as figuras paterna e materna em criaturas monstruosas e, ao mesmo tempo, desafiadoras. Gradativamente, pois, eu estava comprometendo a sanidade do trio, reparando que alcançava sucesso mais rápido do que tinha imaginado.

CAPÍTULO 29

O MISTIFICADOR

Logo estavam os três iniciando um envolvimento com um outro casal de amigos, que em uma de suas visitas a Ruan e Jeanne, terminou por lhes sugerir uma reunião de natureza ocultista, que seria coordenada por um sujeito altamente experiente. Dizia o tal casal que as situações experimentadas ali tinham todas as características de envolvimento com espíritos numa espécie de assombração.

Analisando brevemente os amigos do Ruan, percebi que se tratavam de rematados ignorantes dentro do assunto que abordavam. Contudo, diante do trio que o ouvia com atenção redobrada e que não tinha qualquer conhecimento da matéria, os dois visitantes tomavam um ar de natureza professoral e mística.

Exultei diante do fato, julgando que muito provavelmente um espetáculo ridículo estava sendo montado com aquela iniciativa. Ela poderia muito bem me dar a chance de lhes apresentar mais algumas peças de terror.

A excitação que a Jeanne se colocou diante do casal impressionou-me, pois marcaram para o dia seguinte a visita do tal do intermediário entre o mundo material e espiritual. Cabia-me aguardar com serenidade.

Assim, aproveitei aquela noite que antecedia ao encontro para lhes infligir doses maiores de horror, desta vez promovendo alguns estalos em móveis, forro da residência e piso de madeira. Para as minhas peripécias, foquei muito mais o quarto do casal, uma vez que, para o garoto, a simples inserção de imagens de animais peçonhentos era mais que o suficiente para lhe causar os desconfortos, fazendo com que as doses medicamentosas fossem aumentadas, dando continuidade ao enfraquecimento natural do seu corpo ainda em processo de maturação.

A noite seguinte chegou sob grande expectativa dos donos da casa e, por que não dizer, minha também. Eu estava efetivamente muito curioso com o cidadão que nos proporcionaria, no mínimo, um espetáculo circense.

E foi o que de fato ocorreu logo de início, quando ao entrar o tal "mago" dos espíritos, devidamente acompanhado por uma assistente e o casal amigo, ele ao cumprimentar o Ruan e a Jeanne, a qual se impressionava mais facilmente, demonstrou certos arrepios para os anfitriões, falando em seguida a respeito das energias pesadas, tanto corporais de ambos, como também do ambiente.

Sem qualquer cerimônia, o homem se sentou numa poltrona da sala como se fosse um sacerdote que precisava ser adulado. Em seguida, informou o que seria feito na sessão ocultista: ele e a sua assistente procurariam invocar o espírito invasor para abordá-lo diretamente, desafiando-o a uma contenda. Tinha como certeza a sua expulsão do local, porque, em matéria de argumentação, além de eles estarem devidamente preparados, as entidades invasoras, segundo eles, não passavam de seres altamente ignorantes e completamente perdidas, precisando apenas serem convidadas a vagarem em outro local.

O espetáculo não poderia ser mais risível. Logo depois de o sujeito apresentar o custo da operação, que me pareceu alto, dada a expressão do Ruan, foram para a mesa de jantar, numa sala contígua, para iniciarem o processo invocativo.

O cidadão passou a fazer caras e bocas, com algumas contorções, como se estivesse sendo invadido por um ser de outra dimensão. Em seguida, expressou-se numa voz rouquenha como se fosse a de um fantasma cruel.

O espetáculo encenado tinha realmente as proporções de um teatro de comédia. Eu era o que mais se divertia com aquele misticismo visando a fazer frente aos valores negociados.

Enquanto a encenação ocorria, Jeanne e seu filho se mostravam os mais impressionáveis, quase saltando das cadeiras quando o místico charlatão levantava o seu tom de voz, dando notas cada vez maiores de ser um excelente intérprete. Era secundado pela sua assistente, que desafiava a suposta entidade, sendo mesmo agressiva na sua forma de falar.

Quando finalmente encerraram as cenas, expulsando o tal gênio do mal do ambiente, dando-me, enfim, a possibilidade de recuperar as minhas energias de tanto gargalhar, achei que seria interessante provocar algum episódio marcante para o grupo que se encontrava reunido.

Como a maioria dos presentes se impressionou realmente com a performance, sem qualquer controle emanavam de seus corpos energias brancas acinzentadas que passei a utilizar. Em contato com as minhas, envolvi uma jarra de cristal, que adornava a mesa. Dando, então, um comando mental, fiz com que ela flutuasse no ar por alguns instantes para, em seguida, cair bruscamente espatifando-se no centro da mesa. Alguns fragmentos da jarra atingiram de leve o rosto do tal mago, provocando cortes quase imperceptíveis, mas suficientes para que deles saíssem alguns filetes de sangue.

O sujeito levantou-se rápido e, usando seu lenço para retirar as manchas de sangue do rosto, apresentou uma explicação ridícula para a situação. Disse que esses incidentes eram comuns pelas energias acumuladas no ambiente. Ao se desfazerem, elas provocavam aquele tipo de efeito.

Entretanto, notava-se visivelmente o seu apavoramento diante do fato. Como ele já tinha recebido a soma combinada, tratou de se retirar o mais rápido possível dali, junto com a assistente e o casal que o acompanhara, deixando os residentes completamente atônitos com o ocorrido.

Aproveitei a oportunidade que se mostrava peculiar e, apesar do esgotamento que se abatera sobre mim dado o esforço energético desprendido, ainda consegui provocar alguns ruídos, os quais serviram para aumentar a dose de pânico daquele trio detestável.

CAPÍTULO 30

NEM QUE O CRISTO ME PEÇA...

Realizadas as operações, a sensação de debilidade que se abateu sobre mim foi exponenciada de tal forma que uma espécie de sono anestésico me envolveu sem que eu pudesse reagir em contrário. Minhas pálpebras pesavam como se de repente elas fossem de chumbo. Meu corpo chegava a fremer diante daquele episódio tão inusitado.

Recostei-me no piso e entreguei-me por completo, mas claro que a contragosto. Para mim, as oportunidades surgidas naquela noite com o mistificador tinham de ser muito mais bem aproveitadas.

Mas, durante algum tempo, minha mente vagou por imagens conhecidas do passado, as quais pareciam mais presentes do que nunca. A relação familiar feliz junto à Luna e às nossas meninas envolviam-me num prazer inenarrável, para logo em seguida desaparecerem. No seu lugar, surgiu diante de mim o desenrolar dos acontecimentos, com a prisão, a começar pelo transporte, que foi feito como se fôssemos animais selvagens. Depois veio a separação definitiva e a tortura sem fim.

Tudo se passava como se os fatos estivessem à minha frente. Podia sentir a dor, o sofrimento moral, até mesmo as energias e a temperatura ambiente. Sentia-me, enfim, como que transportado para o passado ou, talvez, quem sabe, eu jamais tivesse saído dele.

Quanto mais imagens saltavam à minha frente, nas quais, em determinados instantes, eu me tornava o espectador e o intérprete ao mesmo tempo, o sentimento de ódio se exaltava dentro de mim. Era como se uma força incontrolável tomasse conta de todo o meu ser, dando-me a impressão de que a qualquer momento eu perderia a razão.

Mas se aquela energia odienta me levava ao auge do desespero, em paralelo, ela parecia me sustentar no sentido de tornar possível reencontrar o trio que me despedaçara a vida bem como me vingar condignamente. Para mim, todos os castigos, por mais duros que fossem aos três, representavam o mais puro processo de justiça.

Enquanto a minha mente vagava por esses labirintos de dor, fui surpreendido por uma figura luminosa que apareceu na minha frente. Inicialmente, se mostrou sem contornos definidos; depois, gradativamente foi possível divisar traços femininos; um tanto mais adiante, a imagem, mantendo a luminosidade inicial, apresentou-se de forma completa. Era a cópia perfeita da minha adorada esposa.

Ao mesmo tempo em que eu me debatia para me afastar, forças estranhas literalmente me retinham no local, como se me pedissem para não resistir ao momento; antes, que aproveitasse a oportunidade oferecida para efetivar a alteração de rota.

Meus pensamentos entraram em verdadeira convulsão. Ora, eu poderia muito bem estar sendo mais uma vez ludibriado por algum ser demoníaco tentando tirar vantagens, escravizar-me talvez, como já ocorrera outras vezes.

A minha imaginação foi dirigida para a figura do mistificador, que talvez pudesse realmente contar com a assistência à distância de algum daqueles seres voltados para o mal. Segundo as crenças distorcidas que ainda continuavam fortemente arraigadas na minha mente, um deles poderia estar agora vindo tirar satisfações do que eu fizera com o seu pupilo.

Mas, ao mesmo tempo, aquela figura feminina procurava me infundir calma, a fim, inclusive, de ela poder se manifestar. Como eu não conseguia dominar aquele torpor, percebi que não tinha alternativa senão serenar-me um pouco. Procedendo assim, ela me olhou com seus olhos brilhantes, os quais vazavam emanações de profundo amor. Disse-me enfim:

– Mantém o teu coração sereno, meu senhor, porque venho em nome do Cristo de amor para lhe oferecer uma nova oportunidade de recomeço ao meu lado bem como ao lado daqueles seres amados que foram as nossas filhas numa ocasião que já se faz longe no tempo. Procura não resistir, contrariando a lógica da nossa criação divina e impondo para si mesmo o sofrimento do recordar. Isso certamente desequilibra as energias do amor, que é ínsito na criatura, dando-lhe características enlouquecidas, as quais nos são conhecidas como ódio.

Vê, meu senhor amado, o tempo em que estamos separados em função de verdadeiras questiúnculas de um passado distante, quando a ignorância imperava, quando os ensinamentos e a imagem do Nosso Senhor e Mestre eram completamente distorcidos, um período, enfim, em que os interesses procuraram transformá-lo num líder cruel e sanguinolento ou num juiz implacável apenas a condenar as criaturas que se encontram sob a Sua amorosa responsabilidade. O contrassenso imperou e ainda imperará durante certo tempo; de maneiras diferenciadas, é óbvio, apesar do direcionamento máximo de Cristo do amar ao nosso próximo como Ele nos amou e nos ama pela eternidade.

Meu senhor, não lute mais com o que impera de bom no teu íntimo. Abandona esse processo de justiça equivocada que está sendo realizado de maneira a comprometê-lo ainda mais com esses nossos irmãos. Eles, tanto quanto nós, são filhos do Altíssimo e estão procurando se regenerar tal como também temos feito ou precisamos continuar a fazer.

Ao ouvir a última frase mencionando a justiça equivocada, reuni todas as minhas forças e falei:

– Justiça equivocada? Não me fale em equívoco diante da aplicação de um castigo justo que venho promovendo nesses miseráveis! Eles, em momento algum, tiveram para comigo e à minha família, aliás, que era parte do mesmo sangue de um deles, qualquer tipo de comiseração, transformando-me no flagelo de homem que sou hoje. Não os deixarei impunes um momento sequer, nem que eu receba a visita e um pedido direto do próprio Cristo, caso Ele realmente exista. Saiba, portanto, que eles não deixarão de receber o que merecem. Eu esperei muito tempo por isso. Agora que estamos todos reunidos, não permitirei que tudo seja solucionado com um simples perdão que, aliás, considero uma medida reservada aos covardes e alienados de plantão.

– Em absoluto, meu senhor! O perdão é concedido por aqueles que são fortes e que buscam exercitar o amor sabendo, de antemão, que as Leis Divinas, com sabedoria, educarão os irmãos que se transviaram pela ignorância do respeito a si próprios tendo, eventualmente, reflexos nos seus semelhantes. Venho, em nome do nosso amor e do amor Maior, que é o do Cristo, apelar ao teu nobre coração para que desista de continuar promovendo o sofrimento para si mesmo, uma vez que, com isso, você também cria alternativas dolorosas de resgates futuros, que não seriam necessários.

Procurei demonstrar toda a minha indignação bradando:

– Basta! Não quero mais ouvir uma palavra a respeito da covardia do perdão para os miseráveis usurpadores. Não desistirei do processo justo que está sendo aplicado. Sei das tuas artimanhas, gênio do mal, transformando-se na figura do Padre Luca e agora na da minha amada esposa. Não serei ludibriado por ninguém mais! Desaparece da minha frente! Deixa-me de uma vez por todas em paz! Saiba que se você faz parte de algum protetor dos três ou mesmo daquele mistificador imbecil, precisará de muito mais que essa conversinha igrejeira para me impedir.

A imagem, ou o que quer que fosse, procurou argumentar; contudo, eu passei a recitar em voz alta uma pequena frase tal como um verdadeiro mantra, mandando que aquela criatura voltasse para o reino do senhor dos infernos e de lá não saísse mais para vir me atormentar. Repeti em altos brados até perder a voz, mantendo os olhos cerrados. Quando decidi abri-los, a figura travestida de Luna não se encontrava mais na minha frente.

CAPÍTULO 31

INCÔMODA PRESENÇA

Efetivamente eu dei de ombros para as considerações, que classifiquei como igrejeiras, daquela entidade que se comunicara comigo em feições que me lembravam as da minha querida Luna. Eram igrejeiras uma vez que a minha decepção por aquela instituição, que prezava tanto, tinha atingido o seu auge. Apenas em raros instantes passava pela minha mente, limitada pelo ódio e pela vingança, que eu não deveria confundir os objetivos da instituição com a postura de alguns dos seus componentes. Contudo, tão logo esses questionamentos surgiam eivados de bom-senso, eu me voltava para a recordação das experiências miseráveis que vivenciara. Dessa forma, era envolvido pela rotineira visão dos meus projetos e ações de vingança.

Aos poucos, fui percebendo que a Jeanne era quem mais me assimilava energeticamente. Assim, minha aproximação daquela que classificava como megera era cada dia mais intensa.

O pouco das energias emanadas por ela, em associação às minhas próprias, eram o suficiente para eu causar os mais profundos desconfortos, tanto nela quanto no Ruan e no Senhor Santos, este que, agora, eu tratava como "garoto". Ao mesmo tempo, de uma maneira ou de outra, eu também me alimentava de parte dessas energias. Era com elas que eu dava continuidade às ações, porque o meu desprendimento energético me enfraquecia de tal sorte que somente num processo, o qual percebi mais tarde, vampiresco, eu conseguia me restabelecer.

Obviamente, a debilidade da Jeanne era mais acentuada em comparação a dos outros dois dos meus desafetos. Assim, eu tentava contrabalancear isso produzindo as imagens oníricas para o garoto, ao passo que, com o Ruan, a minha simples presença diante dele, quando ele se encontrava desdobrado do seu invólucro físico pelo sono natural, era o suficiente para aterrorizá-lo.

Confesso que, em certos instantes, eu chegava a sentir uma ponta de pena dos quadros que eu mesmo promovia. Não saberia afirmar com plena certeza se o que sentia era em relação a mim mesmo ou aos meus três desafetos, por aquilo que eu proporcionava a eles diuturnamente. De todo modo, tão logo esses sentimentos contrários aos meus objetivos surgiam feito relâmpago, eu tratava de obscurecê-los com as imagens que, essas sim, se postavam como reais, desde o momento da minha prisão até tudo o mais que eu passara pelas ações desencadeadas pelo trio.

Responsáveis diretos ou não pelos episódios de horror proporcionados a mim e aos meus, a verdade é que eles arcariam com todo o pacote de iniquidades que me fora reservado, tendo sido devidamente aplicado por mãos sequiosas de sangue. Aqueles homens, em seus íntimos desequilibrados, agonizantes pelo fanatismo, tinham como objetivo a preservação e a garantia das bases de sua fé. Mas essa mesma fé em mim se consolidava na revanche, pois eu acreditava piamente que a justiça deveria ser aplicada desta forma, ou seja, pelas minhas próprias mãos, não fazendo, pelo menos para mim, qualquer sentido a história do perdão, da permissão para que as Leis de Deus agissem como educadoras dos meus desafetos. Duvidava mesmo que essas Leis pudessem existir; porque se assim fosse, porque elas permitiriam tantas injustiças, não poupando sequer mulheres e crianças? Isso me dava a impressão de que a crueldade estava inserida em cada uma dessas leis, disfarçadas todas pela coroa de uma santidade inexistente.

Somente muito mais tarde é que pude compreender a minha limitada visão diante do Altíssimo e da Sua criação como um todo, vindo a conhecer que em tudo o livre arbítrio, utilizado de forma inconsequente, nos coloca diante de responsabilidades de refazimento que se operam na medida da nossa conscientização. Tempos depois compreenderia que nas Leis de Nosso Pai a questão da causa e efeito faz parte da verdadeira justiça, não sendo, em momento algum, uma justiça cobradora, até porque, se estamos diante das causas equivocadas, podemos minimizar os seus efeitos, alterando gradativamente o elemento causador, passando de equivocado para nobre e positivo em nosso favor e em favor do nosso semelhante.

Porém, o que importa saber tudo isso quando estamos enceguecidos pelo ódio e pela frustração dos nossos projetos imediatistas? Naquele momento, o que me interessava, e em caráter emergencial, era levar os três em definitivo para a minha dimensão.

Desse modo, eu daria continuidade à retaliação inenarrável, e por que não dizer, saborosíssima. Se a vida deles estava sendo transformada num inferno, pelas noites mal dormidas, pela alimentação comprometida pelo mal-estar, pelos medicamentos poderosíssimos atuando de forma a neutralizar as minhas ações, sem grande efeito nesse sentido, muito pelo contrário, as terapias medicamentosas se tornavam mais um fator altamente debilitante dos seus corpos orgânicos; enfim, se da parte deles o sofrimento era geral, da minha, eu me realizava pouco a pouco, vendo-os sofrer sem qualquer alteração, sem reduzirem o sofrimento imposto.

CAPÍTULO 32

METODOLOGIA EDUCATIVA

Por um lado, eu conseguia impingir as mais variadas formas de desconfortos ao trio odiento, mas, por outro, comecei a sentir certa e regular debilidade no contato estreito com a Jeanne. Tais sensações começaram em alguns momentos, curtos até, mas que imprimiam um aprisionamento junto à Jeanne. Quando isso ocorria, algo estranho se passava: certa perda de consciência de minha parte.

Tratei de lutar contra esses desconfortos crendo, inicialmente, que o que eu lhe proporcionava estava relacionado à ligação existente entre nós, mas aquilo acabava reverberando em mim. Era algo como envenenar o hospedeiro. No meu caso, pelas ligações existentes com a Jeanne, parte da poção do veneno que lhe dava, por mínima que fosse, acabaria sendo absorvida por mim mesmo.

Mas a cada dia que se passava, a intensidade desse processo se tornava maior e mais evidente. Ao mesmo tempo, minhas tentativas de desligamento dela simplesmente se mostravam impossíveis. Quando a limitação das minhas ações chegou ao extremo, quando, enfim, eu não conseguia fazer mais coisa alguma, ficando limitado, inclusive, de qualquer movimento em relação ao Ruan e ao garoto, comecei a entrar em pânico. Desconhecia totalmente o que estava acontecendo comigo.

Nesse ínterim, o meu enfraquecimento se tornou patente. Era como seu eu estivesse perdendo parte das minhas energias por conta de um encapsulamento irresistível. Quanto mais eu me debatia, mais laços finos e invisíveis, um ou outro mais solidificados, me uniam ao corpo da megera. Não demorou para que eu experienciasse momentos de extremada fragilidade induzindo-me a uma espécie de sono anestésico.

Foi em um deles que eu pude mais uma vez divisar aquela entidade que se fazia passar pelo Padre Luca. Desta vez, ele vinha acompanhado da figura da minha amada Luna.

Ele se aproximou sem que eu tivesse forças para me afastar ou para repeli-lo. Tocando-me suavemente no alto da cabeça, transmitiu-me irresistível tranquilidade. Logo em seguida, disse-me:

– Acalme-se, meu querido filho, porque é chegada a hora de começar o teu processo regenerativo, em que o amor de Jesus e a misericórdia do Nosso Pai atuam no sentido de fazer com que você saia desse inferno autoimposto que continua lhe comprometendo a evolução ao longo de séculos.

Jayme, a solução para os problemas envolvendo relacionamentos equivocados não está baseada na vingança e no ódio. Estes vêm não apenas te consumindo, mas fazendo também com que os teus irmãos em Cristo sofram igualmente, sem conseguirem encontrar uma maneira equilibrada de resolver as suas pendências.

Acredita você que aquilo que aconteceu séculos atrás representa uma injustiça em relação apenas a você? Somos, meu filho, caminheiros de longa jornada a perder-se na imensidão dos tempos. Por nossa vez, também empregamos muita crueldade contra os nossos desafetos, e por que não dizer, contra aqueles mesmos que partilhavam conosco o sangue de nossas veias. Muitas vezes, éramos pais inconsequentes, filhos desrespeitosos, levando aos nossos entes queridos, em muitas ocasiões, agressão fatal de suas vidas, ceifando, em outras ocasiões, suas esperanças futuras.

Não pense que as Leis magnânimas do Criador sejam como as de Talião - olho por olho, dente por dente. Em lugar disso, nos Seus procedimentos educativos, Ele nos coloca muitas vezes diante das mesmas criaturas ou de outras até, a fim de nos ajudar a reduzir a nossa sanha assassina, porque nada que nos ocorre está relacionado às condições do acaso. Somos herdeiros dos nossos pensamentos e das nossas ações. Enfim, uma coisa é certa: jamais conseguiremos fugir de nós mesmos, da nossa consciência.

Entende, pois, que aquilo que poderia ter alcançado uma solução através do exercício do perdão dirigido às almas que, por suprema ignorância, queriam se locupletar da tua propriedade indevidamente naquele momento da história, terminou por comprometê-lo ao optar pelo uso contrário da proposta do amor. De fato, deliberadamente você optou pela manutenção do ódio e da vingança. Apesar de todos os apelos feitos ao longo do tempo para você desistir das tuas ações vingativas, permitindo que as Leis do Criador agissem como metodologia educativa, você as ignorou solenemente, o que o levou a comprometimentos desnecessários frente, inclusive, a outros indivíduos que sequer estavam envolvidos nas tramas do trio que hoje passará a servir como tua família.

Neste momento, eu, mentalmente, questionei meu interlocutor a respeito da parte final da sua fala. Ele, por sua vez, dando-me a impressão que tinha me escutado, continuou:

– Sim, meu filho, a tua ligação de caráter obsessivo foi o suficiente para que a nossa irmã Jeanne pudesse tomá-lo como um futuro filho querido, pela misericórdia alcançada através dos apelos da tua amada Luna, que continua velando por você. Ela, aliás, será a tua guardiã nos momentos que te aguardam na existência que em breve vai se iniciar.

Com certeza, os primeiros resgates estarão enfocados no relacionamento difícil. Nesse caso, o processo de aceitação da tua parte em relação à família que te receberá se transformará em exercícios de profunda abnegação. Contudo, algumas das tuas deficiências de locomoção tocarão esses corações, que tudo farão para lhe transmitir o conforto. Por sua vez, também eles estarão exercitando o amor ao filho caçula bem como àquele que será o teu irmão mais velho. Este, em muitos momentos, vai se posicionar junto a você como um verdadeiro pai. Da tua parte, esforçe-se para serenar o coração, resignando-se diante das Leis sábias do Criador, a fim de que a oportunidade não seja perdida.

Eu tentava me debater diante do que ouvia, quando o Padre Luca deu seguimento à sua fala, como se auscultasse meus pensamentos mais profundos em relação ao todo que eu sentia me pertencer.

– Quanto àquilo que você entende que foi usurpado, saiba que todas as propriedades pertencem ao Nosso Pai e que a Sua justiça se faz nos mínimos detalhes. Você será, num futuro próximo, não na imediata reencarnação, herdeiro de propriedades as quais serão fruto de extenso labor dos irmãos que por instantes lhe retiraram a possibilidade do usufruto. Ou seja, nada que esteja destinado pelo Senhor para a nossa utilização passageira, visando ao nosso aprimoramento como espíritos que somos, deixará de nos ser restituído com os ajustes adequados.

Com efeito, a contabilidade divina expressa também a Sua justiça. Nesse sentido, os espoliados receberão, um dia, o dobro ou triplo daquilo que por direito lhes foi concedido e pelo período que se mostre necessário. Já os responsáveis, aqueles que trabalharão para devolvê-los, em sua maioria poderão ser aqueles mesmos que um dia procederam de forma irregular, valendo-se de recursos escusos para se apropriarem indevidamente daquilo que não lhes pertencia.

Assim, meu filho, procure a oração como veículo de ligação com o Nosso Criador, para te fortalecer diante dos desafios que te aguardam nas próximas existências. Por ora, descanse na paz do Cristo de Deus!

Adormeci pesadamente tendo como última visão à minha frente a imagem da Luna. Ela pareceu me beijar demoradamente na fronte, da mesma maneira que procedeu inúmeras vezes quando nos encontrávamos vivendo momentos de profunda alegria.

Passado um tempo, que eu não poderia precisar, certo dia eu, abrindo os olhos, tive um instante de lucidez. Foi como se estivesse na condição de adulto; contudo, podia verificar, nesse breve período, que a estrutura corpórea me apresentava na condição de bebê. Mesmo assim, reconheci estar sendo embalado pelo Ruan.

Fazendo um esforço que me pareceu sobre-humano naquele momento, procurei me expressar, mas da minha boca saiu apenas um pequeno gemido. Na verdade, era a minha tentativa de poder lhe dizer:

– Voltei!

CONHEÇA OUTROS LIVROS DA EDITORA LETRA ESPÍRITA

Letra Espírita

ROMANCE DO MESMO AUTOR

LEMBRANÇAS LIBERTADORAS

Umberto Fabbri *pelo Espírito* Jair dos Santos

Romance • 14x21 cm • 232 pp

Maria Amélia, ainda criança, vive uma experiência inusitada, mas bastante possível de ser compreendida à luz da Doutrina Espírita: ela se recorda perfeitamente de sua última existência. Ao contrário do que muitos acreditam, tal fato não ocorre somente no meio dos que creem na reencarnação.

Mas qual a utilidade dessas lembranças? Por que nossa personagem e sua família passam por essa experiência? Leia e se surpreenda com as respostas!

ISBN: 978-65-88535-62-2

ROMANCES DO MESMO AUTOR

CARAVANEIROS DA LUZ

Umberto Fabbri
pelo espírito José Rodriguez

Romance • 14x21 cm • 208 pp

Quantas vezes poderemos ser defrontados por experiências desagradáveis em função de pura falta de conhecimento de nós mesmos?

Esta obra narra a chegada de Mariano no mundo espiritual, onde é recebido por Ibrahim, um sincero trabalhador do Cristo, o qual recebe com regularidade irmãos nossos recém-chegados das lides terrenas, tendo a responsabilidade de conscientizá-los para a oportunidade do trabalho na dimensão nova.

ISBN: 978-65-991432-9-8

RECORDAÇÕES DE UM QUASE MORTO

Umberto Fabbri
pelo espírito Gabriel Fernandes

Romance • 14x21 cm • 208 pp

Enzo acabava de passar por uma EQM e volta para casa, mas as coisas não estavam normais para ele. O que estaria acontecendo com Enzo? Estaria mesmo vivo? Qual a explicação para tudo o que sentia e experimentava?

Descubra com Enzo, essa personagem viva e fascinante, que a vida encontra caminhos para nos conduzir à superação e à seara divina, mesmo quando os nossos passos transitem por dimensões que estão além dessa nossa existência terrena.

ISBN: 978-65-88535-08-0

Pedidos: vendas@letraespirita.com.br | (22) 2738-0184 | (22) 99820-3332

VOCÊ PRECISA CONHECER

DIÁLOGOS DA CODIFICAÇÃO

Léa Caruso
pelo espírito Yvonne

Romance • 14x21 cm • 208 pp

Detalhes sobre a vida particular de Kardec e seu trabalho incansável, na indispensável companhia de sua querida Gaby, raramente relatados na literatura, nos aproximam desse grande instrutor que nos trouxe o roteiro para entender verdadeiramente os ensinamentos de Jesus.

ISBN: 978-65-88535-20-2

ALÂNIA

Aureo Gonçalves

Romance • 14x21 cm • 240 pp

A cidade espiritual Alânia foi construída e organizada por espíritos superiores pouco antes da Primeira Guerra Mundial, já prevendo a desencarnação em massa de milhões de almas. O livro conta a experiência de Lukas, um homem que não acreditava em nada que seus olhos não pudessem ver. Suas descobertas depois da morte física o fizeram questionar todas as convicções que ferozmente defendia.

ISBN: 9786599143229

Pedidos: vendas@letraespirita.com.br | (22) 2738-0184 | (22) 99820-3332

VOCÊ PRECISA CONHECER

VIVÊNCIAS ATUAIS SOB O CONSOLADOR OLHAR DO ESPIRITISMO

Rafaela Paes

Doutrinário • 13x20 cm • 180 pp

Sabemos que à época da Codificação, muitos dos temas hoje vividos pela sociedade, não eram comuns e, por isso, não estão contidos de forma explícita em tais obras. Sendo assim, aos que estudam seriamente a Doutrina Espírita, cabe a tarefa de, conhecendo a base, aplicá-la ao que é novo.

É isto que a presente obra pretende fazer: levantar assuntos atuais e, embasando-os na Codificação, encontrar as respostas e reflexões plausíveis e racionais.

ISBN: 978-65-88535-66-0

BASTIDORES DE UMA REUNIÃO MEDIÚNICA VIRTUAL

Evelyn Freire de Carvalho

Doutrinário • 14x21 cm • 192 pp

Traz informações sobre o planejamento espiritual realizado para o início dessa nova modalidade de reunião mediúnica, os desafios que precisaram ser superados até que a atividade pudesse ser iniciada com segurança, bem como acerca da coragem e da disciplina exigidas dos participantes para que pudessem realizar com êxito esse trabalho na seara do Mestre.

ISBN: 978-65-885356-15-9

Pedidos: vendas@letraespirita.com.br | (22) 2738-0184 | (22) 99820-3332

VOCÊ PRECISA CONHECER

O FLORESCER DO AMOR

Geane Lanes
pelo Espírito Agnel

Romance • 16x23 cm • 240 pp

Criado dentro dos preceitos da religião judaica, Daniel aprendeu a valorizar os valores morais e o respeito ao próximo. Entretanto, ainda tinha dificuldade em lidar com o sofrimento e a perda daqueles que amava, deixando que a tristeza e o desespero abalassem sua fé em Deus e em Seus desígnios. Embora sempre amparado por seu irmão e fiel companheiro Isaac, ele deixou que o amor possessivo de seu pai e o amor não correspondido da mulher por quem sempre foi apaixonado o envolvessem em uma espiral de amargura e ceticismo, não percebendo a atuação constante de seus protetores espirituais.

ISBN: 978-65-88535-71-4

ESPERANÇAS RENOVADAS

Roberto de Carvalho
pelo Espírito Casimiro

Romance • 14x21 cm • 248 pp

Envolvido por fenômenos mediúnicos desde a infância, o menino Casimiro se sente responsável por vários infortúnios que ocorrem no seio familiar, inclusive pelo desencarne de sua genitora. Num momento de grande realização pessoal, em idade madura, o sofrimento provocado por uma nova tragédia leva-o a uma crise emocional tão profunda, que o faz pensar em dar fim à própria vida. A salvação chega por intermédio do bondoso amigo espiritual, lhe oferecendo amparo e importantes ensinamentos sobre a lei de causa e efeito.

ISBN: 978-65-885356-15-9

Pedidos: vendas@letraespirita.com.br | (22) 2738-0184 | (22) 99820-3332